KB140239

Self-Directed Psychotherapy & Writing

자기주도
심리치료와 글쓰기

Self-Directed Psychotherapy & Writing

자기주도 심리치료와 글쓰기

치유와 돌봄의 시간

최왕규 지음

머리말

　현대의 한국인은 무한경쟁 사회에서 치열한 삶을 이어 가고 있다. 그 결과 많은 사람들이 우울증, 공황장애, 신경증 등 말 못 할 고민을 안고 괴로워하며 인생을 살아가고 있다. 하지만 한국인의 정서상 선뜻 정신과를 방문하는 데 주저하여 병을 키우는 결과를 초래한다.

　나는 이러한 한국인의 실태를 인식하고 한국인의 문화와 정서에 맞고, 서구의 심리학계에서 검증된 자기심리학 이론을 발전시켜 자기주도 심리학을 제시하고, 이 이론에 근거한 자기주도 심리치료와 글쓰기를 필자의 경험을 바탕으로 자세히 기술하였다.

2019년 8월 15일
최왕규

나의 배경

　나는 유년기를 서울 외곽의 산동네에서 자연을 벗 삼아 자랐다. 아침이 되면 가장 먼저 반기는 산 위로 찬란하게 떠오르는 태양과 저녁이면 먼 지평선으로 사라져 가는 붉은 태양이 하루의 시작과 끝을 알리는 인사를 하였다. 산등선 위에 길게 펼쳐져 있는 암석들의 형세가 호랑이를 닮았다고 하여 붙여진 호암산은 내가 즐겨 찾던 산이었다. 그 시절 나는 그 산과 동네에서 봄, 여름, 가을 그리고 겨울, 사계절의 정서를 자연스럽게 향유할 수 있었다.

초등학교에 입학 후 나는 자연에서 볼 수 없었던 더 넓은 세상을 책 속에서 만났고, 독서를 취미로 갖게 되었다. 그리고 그때쯤 나는 나의 생각을 분석하는 습관을 갖게 되었다. 세월이 흘러 대학에 입학한 후 대학교의 문예집 공모에 단편소설을 제출한 것이 본격적인 글쓰기를 시작한 출발점이었다.

졸업 후에는 교재 등을 개발 및 연구하고 집필하는 교육연구소의 연구원으로 취업하여 글쓰기에 매진할 수 있었다. 그 후 대학원 박사 과정으로 인하대학교 대학원 교육학과에 입학하여 교육심리학을 전공한 후 성산종합사회복지관장과 부설 해피패밀리상담센터장, 성산효대학원대학교 사회복지학과 교수로 근무하면서, 나의 내면에 있는 마음의 상처를 치료하기 위한 자기주도 심리학을 연구하였다.

그리고 그 연구를 적용한 글쓰기로 에세이와 장편소설, 중·단편소설을 집필하여 책으로 출간하였고, 이런 글쓰기를 통한 나의 치료경험을 바탕으로 본 책을 집필하게 되었다.

현대인이 겪는 예기치 못한 고통과 갈등으로 인해 발생하게 되는 심리적 트러블(trouble)과 스트레스로 기인된 정신질환과 마음의 병은 자기주도 심리치료 글쓰기를 통해서 치료가 가능하다.

그런데 자기주도 심리치료를 위한 글쓰기를 하기 전, 자신의 심리를 분석하고 자신의 내면을 치료하기 위해 심리학의 기초지식을 알아야 한다. 마치 가정에 비상약을 비치해 두었을 때, 그 약들을 어떻게 사용해야 할지 알아야 하는 것과 같은 이치이다.

　이 책을 읽는 독자들이 본 책을 학습하여 현대 심리학의 기초지식을 익히고, 그 지식을 바탕으로 자기주도 심리치료 글쓰기 기법을 활용하여 자신의 마음 깊은 곳에 있는 상처를 드러내어 치료하길 원한다. 그리하여 자신에게 주어진 한 번뿐인 인생에서 건강과 행복이 가득한 삶을 영위해 나가길 바란다.

2019년 8월 15일
녹음이 짙어 가는 산이 보이는 서재에서
최왕규

차례

제1장

글쓰기와 자기주도
심리치료란?

Who I am?

인간은 의식의 초점을 자신에게 맞추고 자기를 인식하는 자의식이 있기에 자신이 누구인지 알고 싶어 한다. 빅클룬트는 인간의 자의식을 공적 자의식과 사적 자의식으로 나누었다. 공적 자의식이 높은 사람은 남들이 자신을 어떻게 평가하고 보는지에 신경을 많이 써서 유행, 외모 등에 관심이 많다. 그리고 체면과 눈치를 많이 보기 때문에 태도와 행동이 일치하지 않는 경우가 많다. 그에 비해 사적 자의식이 높은 사람은 혼자 있기를 좋아하고, 자기 내면의 감정과 의견에 매우 민감하며, 자신에게 좀 더 충실하려는 경향이 있어 태도와 행동이 상당히 일치한다고 하였다.[1] 이 이론을 근거로 해서 볼 때 심리학적 관점에서 자기에 대한 심리를 알아보는 것은 매우 중요한 연구가 될 것이다.

그런데 우리가 평소에 알고 있는 우리 자신은 거울로 보는 자기와 조금은 다른 모습일 수 있다. 자기(self)는 어렸을 때 이미지와 현재의 이미지가 복합적으로 형상되어 느끼는 것으로, 내면의 모습을 반영한다. 그 내면의 세계를 우리는 흔히 마음이라고 표현하거나 또는 정신이라고 표현한다. 정신분석학자 프로이트(Sigmund Freud, 1856~1939)

---

1) 최왕규(2010), 『위로와 희망』, 이담북스, p.72.

는 정신분석을 통한 무의식과 에고(ego) 그리고 슈퍼에고(superego)를 이론화하였고, 이 이론을 바탕으로 한 정신분석을 통한 심리학의 업적으로 자타가 인정하는 정신분석의 대가가 되었다. 아들러(Alfred Adler, 1870~1937)의 제자이고 Logotherapy 이론을 정립한 빅터 프랭클(Viktor Emil Frankl, 1905~1997)은 제2차 세계대전의 희생자였지만, 그 어느 누구보다 자신의 내면을 깊이 성찰한 사람이었다.

그는 죽음의 포로수용소였던 아우슈비츠에서 극적으로 살아나온 사람들 중의 한 명이다. 그의 아내와 부모와 형제들은 누이만을 제외하고 그가 수용소에 있을 때 모두 나치에게 죽임을 당했다. 그런 그가 자기분석을 통한 자기존재의 의미를 깨닫고 평화롭게 자신의 일을 하면서 살 수 있었던 비결은, 실존적 자기존재의 확립을 통해서 가능한 것이었다.

글쓰기를 통한 자기주도 심리치료는 다른 동물들과 다르게 영혼이 있는 인간의 마음과 정신을 건강하게 하는 생체적·심리적 기능을 강화시키는 작업이다. 자기주도 심리치료 글쓰기는 심리학의 다양한 심리이론과 치료방법을 총합적이고 실용적으로 활용하여 내담자 스스로 자기의 심리를 분석하여 자신에게 있는 불안, 초조, 염려, 걱정 등을 비롯한 다양한 마음의 상처와 내면의 갈등을 신중하고 효과적으로 치료해 나가는 데 목적이 있다.

생각해 보면 우리나라 사람들은 다분히 정신적인 고통을 안고 살아가고 있지만, 미국인을 비롯한 서구인들에 비해서 정신과를 찾는 비율은 현저하게 떨어진다. 수치적으로 표기해 보면, 미국인의 경우 국민 전체 인구의 약 40% 정도가 감기에 걸리면 자연스럽게 내과 병원을 찾듯 마음의 감기에 걸릴 경우 당연히 정신과 병원을 찾는다.

반면, 한국인은 마음의 병이 있을 때 약 11.5% 정도가 정신과 병원을 찾고 있다는 통계가 있다. 더 구체적으로 살펴보면 정신과뿐만 아니라 심리치료 계통 상담소를 찾는 사람들도 그리 많지 않다. 그 원인은 정신건강에 대한 우리나라 사람들의 그릇된 인식에서 비롯되었음을 알 수 있다. 또한, 정신과를 찾는 사람들 중에서도 일부는 정부 지정 마약류인 디아제팜 같은 항정신성 의약품의 중독에 빠져서 허우적거리는 사람들이 있다.[2]

자기주도 심리치료와 글쓰기는 상담자 및 심리치료사가 주도하는 종전의 심리치료 방식이 아닌 기본적인 심리학 지식을 바탕으로 자신의 내적 상처를 바르게 인식하고 글쓰기를 통해 내면의 상처를 자기 스스로 치료하여 심리적 장애를 극복하는 데 목적이 있다.

---

2) 국민일보, 2016. 6. 13., "중독국가 대한민국."

제2장

상담심리와
심리치료

"상담심리와 심리치료"는 개인의 심리적 문제의 원인을 발견하고 이 문제에 대한 상담 또는 심리치료를 통해 그 사람의 정신을 건강하게 정상화하는 전 과정을 연구하는 학문이다. 상담심리와 심리치료는 내담자와 상담자 사이에서 내담자의 심리적 문제를 해결하고자 하는 관계성에서 유사성을 가지고 있다.

　일반적으로 심리치료는 심리치료사가 내담자를 대상으로 한 상담과 상호작용을 통해 이상행동을 치료하는 것을 의미한다. 그러므로 심리치료는 일상생활에서 심리적 고통이나 부적응을 겪고 있는 내담자와 인간의 감정, 사고, 행동, 대인관계 등에 있어서 전문지식을 갖춘 심리치료사 사이에서 벌어지는 일련의 협력적인 상호작용을 뜻한다. 심리치료에서 말하는 상호작용은 감정 표현, 동작, 제스처, 얼굴 표정 등을 통해서도 이루어지지만 주로 언어를 통해 이루어진다.[3]

　상담심리의 목적은 '인간의 성장을 저해하는 장애물이 있을 때에는 언제나 이를 제거하고 극복하며, 인간자원의 최적발달을 성취하도록 개인을 도와주는 것'이다. 대부분의 심리치료사들 역시 이것을 심리치료의 목적으로 받아들이고 있다.

---

3) 이장호·이광호 역(1972), 『카운슬링과 심리치료의 이론과 실제』(원저자: Patterson, C. H.), 대한교과서주식회사, p.2.

이러한 상담심리학이 학문적으로 전문 분야로서 자리매김하고 사회 발전에 기여하기 위해서는 상담의 실천과 더불어 상담에 대한 연구가 뒷받침되어야 한다.[4]

즉, 고유한 핵심개념과 이론에 관한 연구주제, 연구방법론을 가지고 있어야 하며, 상담현장에서 많은 심리학의 자료를 확보하고 이를 체계적으로 연구해야 한다.[5]

최근 우리나라의 상담심리학 연구동향을 보면 상담과정과 성격, 적응, 진로, 적성, 이론개발 등을 주제로 한 연구가 많다. 특히 성격 및 적응을 주제로 한 상담 및 심리학 연구가 36.8%를 차지하고 있다.

연구대상으로 볼 때는 대학생을 중심으로 한 연구가 37.1%로 가장 많은 것으로 나타났다.[6]

---

4) 박애선·황미구(2008), 「한국 상담의 정체성 확립을 위한 발전과제」, 『한국심리학회지: 상담 및 심리치료』, 제20권(4), pp.903~929.

5) 김계현(2010), 『상담심리학 연구: 주제론과 방법론』, 학지사.

6) 김계원 외(2011), 「상담심리학의 최근 연구동향: 상담 및 심리치료학회지 게재논문 분석(2000~2009)」, 『한국심리학회지: 상담 및 심리치료』, 제23권(3), p.529.

제3장

상담심리학과
심리치료의 역사

지난 과거 2세기의 인류의 역사에서 정신병리는 많은 변화를 하였다. 사소한 장애는 무시하거나 개인의 의지박약으로 방치했었다. 또는 귀신에 들렸다고 하였다.

따라서 굿을 하거나 하여 귀신을 쫓아내는 주술행위에 많이 치우쳐 있었다. 과학이 발전하면서부터 모든 정신병리 현상이 귀신의 역사라는 사고방식은 종교계에서도 많이 줄어들었다. 내적 치료에 관심을 가지고 상담과 기도를 병행하는 정도에 이르렀다. 그렇다고 해도 환자의 몸속에 무엇인지 알 수 없는 어떤 작용이 있어서 이를 제거해야 정신병을 치료하여 정상적인 생활을 영위하게 할 수 있다고 믿었다.

19세기경에 장 마르탱 샤르코(Jean-Martin Charcot), 요제프 브로이어(Josef Breuer), 지크문트 프로이트(Sigmund Freud)는 정신장애의 치료에 있어 획기적인 개념과 방법을 도입하였다.

그 이유는 정신병의 원인이 심리적이고 생리적인 데에 있다고 생각한 것이다. 이들의 직업은 모두 의사였기에 정신병도 육체의 병과 마찬가지로 치료할 수 있다고 믿었다.

당시로서는 이들의 주장은 획기적이고 신선한 발상이었다. 그 결과 그들의 노력으로 기존에 행해 왔던 비인간적인 치료법이 아닌 인권을 보장하는 인간적이면서 조직적인 치료방법을 본격적으로 개발하게 되

었다.[7]

현재 심리학계에서 심리치료라는 독립적인 전문직은 존재하지 않는다. 그 대신 다양한 종류의 전문가, 비전문가들이 여러 유형의 상담과 심리치료에 종사하고 있다. 전문적인 심리치료의 시작은 19세기 후반 프로이트와 그의 제자들로부터 시작되었다.

로저스(Carl Ransom Rogers, 1902~1987)가 1940년대에 이르러 "비지시적 치료"라고 부른 새로운 형태의 심리치료를 선보였다. 그 후로부터 여러 새로운 접근법이 속속 등장했다.

1980년대에 이미 앨런 에드워드 캐즈딘(Alan Edward Kazdin)은 400가지 이상의 다양한 심리치료법을 보고하였다.

이런 일련의 사실을 놓고 볼 때 한 개인의 삶의 에너지와 그로부터 비롯되는 다양한 활동들을 단지 해석이라는 이름하에 한두 개의 문장으로 요약할 수 있다고 생각하는 것은 심리치료사의 오만이라고 할 수 있다. 진정성을 가지고 진실한 마음으로 내담자와 만나 접촉하면서 삶의 무한한 가능성에 내맡기는 것이 지혜로운 심리치료사의 태도이다.[8]

생각해 보면, 심리치료는 개인과 개인 사이뿐만 아니라 시대별로 과거와 현재 그리고 미래가 한꺼번에 엉켜 상호작용하면서 발생하는 아주 복잡하고 미묘한 것이기 때문에, 이를 객관적으로 검증한다는 것 자체가 매우 어려운 일로 여겨 왔다.

그런데 다행인 것은 최근에 영상과학의 발전으로 대인관계 심리치료를 받은 우울증 환자들이 치료 후 전두엽을 측정하였을 때 전두엽 활동이 정상인과 동일한 수준으로 변화되는 것이 증명되었다. 또한, 심리치료가 뇌의 회로를 재배선하는 효과도 있는 것으로 밝혀지고 있

---

7) 이훈구 외(2003), 『인간행동의 이해』, 법문사, p.439.
8) 김정규(2006), 『게슈탈트 심리치료: 창조적 삶과 성장』, 학지사, p.204.

어서 심리치료의 효과에 대한 관심이 증가하고 있다. 그 결과 심리치료학 분야에서는 영상과학이나 신경과학 등과 접목해서 증거 기반의 심리치료 연구가 주요 연구대상이 되고 있다. 심리치료의 주요 목적은 다음과 같이 세 가지로 요약할 수 있다.[9]

첫째, 증상을 제거 혹은 수정하거나 지연시킨다.
둘째, 장애가 되는 행동의 양상을 조정한다.
셋째, 긍정적인 성격의 성장과 발달을 촉진시킨다.

따라서 심리치료의 목적은 내담자의 행동을 바꾸거나 개선시키거나 성장을 위한 인간관계를 성립하도록 도와주는 등 언어적인 상호작용을 통해 내담자가 처한 어려움을 극복하도록 돕는 데 있다. 이러한 심리치료학을 이해하기 위해서는 먼저 심리학의 태동을 이해할 필요가 있다.

심리학은 실험실에서 처음으로 시작되었는데, 눈으로 관찰할 수 있는 객관적인 사실만이 의미가 있는 것이라고 여겼다. 이후 자극과 반응 사이에 존재하는 블랙박스 안에서 이루어지는 다양한 처리과정에 초점을 맞추어 발전했으며, 자극에 대한 정보처리 과정에 대한 수많은 연구는 인지심리학으로 이어졌다.[10]

그러나 최근 신경영상의학의 발전으로 뇌 안에서 일어나는 활동에 대한 직접적 관찰이 가능해짐에 따라 정신분석적 치료방법을 통해 치료효과가 나타나는 것을 관찰할 수 있게 되었다. 즉, 신경영상의학의 발전은 뇌에 직접 침투하지 않는 비관입적 방법을 통해 심리치료 시

---

9) 홍기원 외(2010), 『알기 쉬운 심리학』, 양서원, p.367.
10) 송현주(2009), 「심리치료와 신경과학의 만남」, 『한국심리치료학회지』, 제1권(1), pp.63~73.

뇌가 변화된다는 증거를 제시해 주고 있다.[11] 최근에는 심리치료학 분야에 신경영상의학을 접목하는 접근을 시도하고 있다.

이런 연구 중 대표적인 연구로 린데의 연구가 있다. 린데(Linde, D. E)는 그의 연구에서 심리치료를 하는 데 신경영상의학을 접목하는 것에 대한 기초연구뿐만 아니라 심리치료와 약물치료가 어떠한 차이점과 공통점을 가지고 있는지를 연구하였다.[12]

---

11) Linde, D. E.(2006), How psychotheraphy changes the brain-the contribution of functional neuroimaging, Molecilar Psychiatry, 11(6), pp.528~538.

12) 김정희 역(2004), 『현대심리치료』, 학지사(원저자 Raymond J. Corsini), p.17.

제4장

자기심리학

자기(self)라는 개념은 현대 심리학에서 많은 성격이론의 중심적 특징이었다. 지그문트 프로이트(Sigmund Freud), 알프레트 아들러(Alfred W. Adler), 카를 융(Carl Jung, 1875~1961), 고든 올포트(Gordon W. Allport, 1897~1967), 칼 로저스(Carl Ransom Rogers), 롤로 메이(Rollo May, 1909~1994), 에이브러햄 H. 매슬로(Abraham Harold Maslow, 1908~1970) 등의 성격이론이 여기에 포함된다.

융은 자기란(self) 자아(ego)의 축소판이며, 의식적 또는 무의식적 내용으로 이루어진 총체라고 하였다. 자기의 성숙은 개체화 과정이며, 이 과정은 건강한 성격이 추구하는 목적이다.

로저스는 자기개념에는 현 존재에 대한 지각인 "자기"뿐만 아니라 개인이 되고 싶어 하는 존재를 표상하는 "이상적 자기"도 포함한다고 보았다. 이상적 가치는 개인이 높이 평가하고 지향하는 자기개념으로 개인이 보유하고 싶어 하는 속성을 반영한다. 개인은 자기를 실현하고 보존하며 향상시키려는 기본적인 동기를 갖는데, 이를 "자기실현 동기"라고 부른다. 이 동기에 따라 개인이 살아갈 때 현재의 자기와 이상적 자기의 불일치가 감소하고 적응적인 삶을 살아가게 된다고 하였다.[13]

이 같은 주장을 근거로 로저스는 내담자가 기존의 부정적인 자기개

---

13) 박세영 외(2017), 『심리학 개론』, 센게이지러닝코리아, pp.208~209.

념을 긍정적인 자기개념으로 바꿀 때 진정한 치료효과가 나타날 수 있다고 이론화했다.

자기심리학은 오스트리아계 미국인 하인즈 코헛(Heinz Kohut, 1913～1981)에 의해 창안된 정신분석 이론 및 치료학파이며, 미국의 시카고 정신분석연구소에서 발달했다. 코헛은 1938년 비엔나대학교 의과대학을 졸업했으며, 그 당시 정신분석학에 흥미를 느끼고 있었다. 이듬해 그는 영국으로 가서 1년간 체류한 후 1940년 미국으로 이주했다. 코헛은 시카고대학교에서 신경의학과 정신의학을 공부하였으나, 그는 곧 프로이트의 이론들을 수용하여 정신분석학을 계승하고자 하였다. 그러나 코헛은 자존감이 붕괴되어 긍정적이고 안정적인 정체성을 유지하지 못하며, 타인으로부터의 비판에 매우 민감한 증상을 보이는 자기애 인격 장애 환자를 치료하면서, 이러한 장애를 정신 내부의 갈등이라고 진단하는 프로이트의 모델로는 그 병인을 이해하거나 치료하기 어렵다는 것을 알게 되어, 1960년대 중엽부터 코헛은 자신의 목소리를 내면서 마침내 정신분석의 새로운 패러다임인 자기심리학을 창안했다.[14]

심리분석학자였던 코헛의 자기심리학 이론은 전통적 분석학으로부터 차별화된 그의 강조점을 보면 알 수 있다. 곧 그는 그런 병리현상을 내적 갈등과 심리적 요인에서 비롯되는 병리학이 아니라, 오히려 대인관계에서 오이디푸스 콤플렉스(Oedipus complex)와 엘렉트라 콤플렉스(Electra complex)를 경험하기 이전의 유아기 단계에서 벌써 시작될 수 있는 돌봄의 질적인 관계와 관련된 것으로 보았다.[15] 그리고 그런 병

---

14) 장은화(2014), 「정신분석적 자기심리학과 미국 조동선의 비교」, 『한국불교학』, 제69집, pp.452～453.

15) 하재성(2009), 「목회상담학과 자기심리학의 목회 신학적 의미: 관계 중심성과 일상성」, 한국목회상담학회, 『목회와 상담』, 제13권 0호, pp.7～33.

리현상은 신화 속의 신비와 같은 극적인 형태를 갖추기보다 오히려 일상적인 경험의 영역에서 나타나는 결핍에서 비롯된다고 보았다.

예를 들어 이론의 정확한 적용과 치료보다 환자를 대하는 상담자의 태도 자체를 문제 삼고 있는 코헛의 이론은, 모든 관계적 상황에서 나타나는 상호 존중의 윤리로 자연스럽게 연결된다. 그리고 종교적 경험을 설명할 때도, 자기심리학은 심리적 갈등의 산물로서가 아니라 관계성을 통해 형성된 종교의 본질을 이야기해 준다. 코헛은 심리학의 전통적인 가치를 이어받았지만 모든 인간관계의 중심에 서 있는 자기에 대해 중요하게 여기고 이론의 중심을 자기로 설정하였다.[16]

코헛이 말하는 자기는 인격 구성원의 하나인 전통적 개념의 현실을 대면하는 자아이다. 또한 모든 일상들의 수용자이다.[17] 코헛은 프로이트의 이론이 도그마(dogma)로 취급되는 북미 정신분석학계에서 과학적 태도로 보완하는 입장을 견지한 것이다.

Ego(자아)와 Self(자기)에 대해서 엄밀하게 구분한 연구들에 의하면 ego(자아)는 동기적이고 인지적인 과정으로서 이해하고 있는 데 비해 self(자기)는 자아의 대상으로 자기 자신을 지칭하는 것으로 보고 있는데, self(자기)라는 단어는 일반적으로 환경에 따른 지각으로 보았다.

그러나 엄밀히 구분되지 않는 측면이 많았기 때문에 올포트(Gordon Willard Allport)는 자아와 자기는 구분할 필요가 없는 것으로, 서로 바꾸어 사용할 수 있다고 주장했다.[18] 그런데 올포트는 현대의 심리학 연구에서 자기에 대한 관심이 거부되고 무시되는 습관이 있었고, 그것

---

16) 하재성(2009), 앞의 저서에서 재인용.

17) Michael Kahn(1997), *Between Therapist and Client: The New Relationship, revised edition*, New York: Freeman, p.112.

18) Allport, G. W.(1943), *The ego in contemporary psychology*, Psychological Review, 50, pp.451~479.

은 최근의 심리학에서 나타난 가장 이상한 일 가운데 하나라는 지적을 하였다.

힐가드(Hilgard, E. R)는 자기(self)는 내성주의자들에 의해 제대로 포착되지 않는 어려운 문제를 본질적으로 안고 있었으며, 또한 자기는 행동주의 심리학자들이 배타시하는 정신적 구성물로 도외시되었다고 하였다. 그것은 1900년대 초 고전주의 행동이론과 피상적인 자연과학주의가 만연하여 연구 분야로서의 심리학의 인정이 낮았고, 그로 인한 인간의 자아에 대한 연구가 경시되었기 때문이다.

그 후 반세기의 역사가 지난 후 심리적 사상에 대한 관심이 무시되던 흐름 속에 있던 자기에 대한 관심은 급진적 행동주의에 반발하는 입장에서 출발해서 커다란 반응을 불러일으켰다. 무엇보다 제1, 2차 세계대전을 지나는 동안 인간은 어느 때보다 자신의 내면을 살펴보는 기회가 되었고, 그것이 실존적 자기의 존재에 대한 의미를 도출하기에 이르게 되었다.[19] 인간주의 심리학에 의한 자기에 대한 연구는 연구의 주류로 흐를 만큼 매우 화려하다고 할 수 있다.

로저스에 의하면 "자기는 생각, 지각 및 가치로 구성되는 인식을 포함하는 것으로, 사람은 모든 경험을 긍정 또는 부정으로 구분하는 자기개념에 관련지어 평가한다"고 하였다. 또한, 그는 이상적인 자기 개념을 주장하며 실제의 자기와 이상적인 자기 개념을 설정하여 인간의 동기유발을 시키는 기본적인 힘은 본질적으로 유기체가 지니는 자기실현이라고 주장하였다.[20] 이것은 그가 성장을 향한 인간의 속성을 강조한 것이다.

프로이트는 초기 이론화 과정에서 이드(id)에 대해 매우 강조하였으

---

19) Hilgard, E. R.(1949), *Human Motives on the concept of the self American Psychologist*, 4, 1949, pp.374~382.

20) Rogers. C. R.(1964), *Client-Centered Therapy*, Boston: Houghton Mifflin.

나 ego(자아)에 대해 명확히 정리하여 공식화하지 못했기 때문에, 검증과정과 엄밀성에서 일반심리학자들에 의해 무시되는 결과를 초래하였다. 와일리(Wylie, R)는 이러한 상황 속에서 자기가 다시 점차적으로 심리학의 관심 대상이 되는 과정에 대해 다음과 같이 말했다.

> "프로이트가 그의 이론을 발전시켜 나가면서 자아의 발달과 그 기능의 중요성을 좀 더 인정했고, 신정신분석학자들 역시 자아의 기능을 더욱 강조하였다."

한편, 일반심리학 영역 내에서도 복잡한 인지적・동기적인 중개변인을 포함하는 조작적 행동주의의 가능성이 탐색되고 있었다. 또한, 기능주의자들은 심리현상을 설명함에 있어서 여전히 내성적인 방법을 포기하지 않고 있었으며, 형태주의자들도 현상학적 접근방법을 심리학 연구에 적용해 왔다. 이와 같은 배경에 힘입어 일시적으로 관심의 대상에서 벗어났던 자기(self)는 다시 성격이론가들의 관심을 끄는 주제가 되었다.[21]

로저스는 심리학은 결국 자기(self)에 대한 감각을 중심 주제로 하지 않을 수 없다고 정의한다.

그리고 성격은 결국 개인이 자기에 대한 감각을 가지는 사실을 핵심으로 한다는 점에서 의미를 찾을 수 있을 것이라고 주장하였다.[22] 그의 주장이 의미하는 바는 오늘날 자기에 대한 연구가 연구자들의 이론적 측면에 따라 다양하게 연구될 수 있는 속성을 가지고 있다.

와일리의 말처럼 비록 자기 또는 자아에 대한 용어가 다양하게 기

---

21) Wylie, R.(1974), *The self concept: A Review of Methodological Consideration and Measuring Instruments*, Lincoln: University Nebraska Press.

22) Ross, A. O.(1992), *The sense of self: Research and theory*, New York: springer.

술되고 관련된 용어와 구별이 분명하지 않으며 자기에 대한 이론들이 여러 면에서 모호하고, 불완전하고 경험적이지 못한 면이 있을지라도 심리학적인 면에서의 인간 이해는, 자기(self)는 심리연구의 핵심적인 요소가 될 것이 명백하다.[23]

---

23) Ross, A. O.(1992), 앞의 저서 재인용.

제5장

개인간주관성
이론

개인간주관성 이론은 스톨로우(Robert D. Stolorow) 등이 주도하는 자기심리학의 새로운 흐름으로서 자기심리학을 좀 더 정교화시킨 이론이다. 이 이론은 충동보다는 정서를 더 중시한다. 심리치료사의 내관을 강조하는 것과 환자의 경험에 관한 공감적 탐색과 이해 등은 자기심리학과 맥락을 같이한다. 하지만 동기이론에 있어서 자기심리학과 다소 차이가 있다. 즉, 자기심리학은 자기대상의 개념을 중시하지만 개인간주관성 이론은 개인이 자신의 경험을 조직화하고 체계화하여 현실을 지각하고 판단하는 동기에 더 주목한다.[24]

스톨로우는 이 같은 체계화 원리를 "불변적 조직화 원리"라고 정의하였다. 즉, 개체의 현실지각에 부정적으로 작용하는 원인을 개체가 아동기에 양육자와 상호 관계 체험에서 조직화하여 파악한 기억의 무의식화에 있다고 보았다. 그래서 심리치료도 내담자가 이 원리를 깨닫고, 이것이 자신의 행동에 어떠한 영향을 미치고 있는지 돕는 데 있다고 보았다.

이런 맥락에서 개인간주관성 이론에서는 자기심리학과 달리 심리치료사가 환자에게 단지 자기대상 기능을 제공해 주는 것만으론 부족하

---

24) Stolorow, R. D., Atwood, G. E. & Brandschaft, B.(1994), The intersubjective perspective. Northvale, N.J.: Jason Aronson.

며, 더욱 적극적으로 환자로 하여금 자신의 무의식적 동기인 "불변적 조직화 원리"를 자각하고, 그것이 자신과 타인에 대한 지각에 어떻게 영향을 미치는지 깨닫도록 도와주어야 한다고 주장한다.[25] 또한, 자기대상 욕구나 자기대상 전이에 대해서도, 이들의 존재는 인정하지만 이들은 여러 "불변적 조직화 원리" 가운데 하나에 불과한 것으로 보았다.[26] 따라서 치료사가 수행해야 할 주된 과제는 "공감적 탐색"을 통해 환자에게 내재되어 있는 무의식적 불변적 조직화 원리를 조사해 밝혀내는 것이다.

코헛은 공감 그 자체를 치료 목적으로 사용한 데 반해, 개인간주관성 이론에서는 공감을 개체의 조직화 원리를 찾아내고 조명하는 수단으로서 더 많은 의미를 부여하였다.[27] 그는 심리치료사의 자기대상 기능제공의 의미에 대해서도 환자로 하여금 자신의 감정을 통합하여 조직화하도록 돕는 데 있다고 보았다. 즉, 환자들은 어린 시절 부모로부터 자신의 감정 상태에 적합한 공감을 받지 못하고 상처를 받음으로써 자신의 감정을 통합하지 못하고 해리시키거나 분리시킨 상태에 있는데, 심리치료사로부터 적절한 공감을 받아서 이런 감정들을 다시 통합하게 되어 치료가 이루어진다.[28]

개인간주관성 이론은 개체의 정서를 무척 강조한다. 왜냐하면 정서가 개체의 인식활동과 모든 지각, 불변적 조직화 원리의 형성과정에 결정적인 역할을 한다고 보기 때문이다. 개인간주관성 이론은 심리치

---

25) Alexander, R., Brickman, B., Jacobs, L., Trop, J. & Yontef, G.(1992), Transference meets dialogue: a discussion between self psychologists and gestalt therapists, in: The Gestalt Journal. vol 15(2), pp.61~108.

26) Trop, J. L.(1994), Self psychology and intersubjectivity theory, In: Stolorow, R. D., Atwood, G. E. & Brandschaft. B.(1994), The intersubjective perspective. Northvale. Jason Aronson.

27) Trop, J. L.(1994), 앞의 저서 재인용.

28) Stolorow, R. D., Brandschaft, B. & Atwood, G. E.(1987), Psychoanalytic treatment. An intersubjective approach. Hillsdale, NJ: The Analytic Press.

료의 차원을 자기대상 차원과 반복적 차원으로 나눈다. 심리치료는 이 두 차원 사이를 왕복하는데, 전자는 내담자의 과거 성장기에 형성되지 못했거나 불충분한 자기대상 체험을 심리치료사가 충족시켜 주는 것을 의미한다.

후자는 아동기 때 좌절을 경험한 것처럼 심리치료사도 자기를 좌절시킬 것이라는 공포를 느끼게 하는 차원이다. 즉, 환자의 무의식적·불변적 조직화 원리가 작용하는 차원이다. 두 차원 모두 내담자의 무의식적 조직화 원리를 살펴보는 데 가치가 있는 자료를 제공한다. 이때 내담자가 심리치료사와 좋은 경험을 통해 신뢰가 형성되면 공포의 원인을 밝힐 수 있게 되고, 결과적으로 대안적 조직화 원리를 개발하여 치료할 수 있다.

심리치료에서는 개체의 자기대상 차원과 반복적 차원 모두 중요하다. 만일 후자가 문제가 되는데, 전자에만 초점을 맞추면 내담자의 방어적 측면을 강화시키는 결과를 초래하고, 만일 후자가 문제인데 전자만 초점을 맞추면 자기심리학에서처럼 내담자의 방어적 측면을 강화하는 결과를 초래한다. 그러므로 후자가 더 큰 문제가 될 때에는 무조건 환자의 자기대상 욕구를 충족시켜 주는 데만 치중하지 말고 내담자에게 불변적 조직화 원리를 일깨워 주어서 새로운 조직화 원리를 형성하도록 돕는 것이 중요하다.

한편, 개인간주관성 이론에서는 치료에서 일어나는 현상들을 고전분석 이론에서처럼 단지 환자의 내면에서 일어나는 현상으로만 보지 않고, 두 사람 혹은 그 이상의 상호작용에서 일어나는 현상으로 이해한다. 즉, 심리치료사와 내담자는 서로 간에 영향을 주고받으면서 서로 각자 불변적 조직화 원리를 갖고 행동한다.

따라서 내담자의 저항도 고전분석 이론과 달리 단순히 환자 개인만의 문제가 아니라 심리치료사와의 상호작용에 의해 유발된 합작품으로 본다. 혹시 심리치료사의 언행이 내담자의 기분을 상하게 한 실수가 있었다면 솔직하게 사과해야 한다. 왜냐하면 심리치료사가 만일 내담자의 주관적 경험을 이해해 주지 않고 무리한 해석을 할 경우, 내담자는 과거에 양육자로부터 주관세계가 무의미하다고 지적받아 상하게 된 마음의 상처를 다시 받게 되기 때문이다.[29] 대표적 현상학적 이론가인 로저스는 인간은 누구나 자신을 보호하고 유지시키고 자신의 능력을 개발하기 위한 선천적 경향성을 가지고 있다고 하였다. 또한, 자신의 사적인 세계 내에서 이러한 선천적인 경향성을 훈련하여 경험에 비추어 가치를 평가한다고 하였다.[30]

로저스는 수많은 상담 경험을 통해 사람은 누구보다 자신을 잘 알고 자기를 이해하고 있으므로, 원한다면 자기가 능동적으로 자신의 변화를 이끌어 낼 수 있다고 본 것이다.

---

29) 김정규(1998), 「자기심리학과 게슈탈트 심리치료의 대화」, 『한국심리학회지: 임상』, 제17권 제1호, 2, pp.17~38.

30) Rogers, C. R.(1954), A theory of therapy, personality and interpersonal relationship as developed in the client-centered framework. In S. koch (Ed), Psychology: A Study of a science.(Vol. 3), New York: McGraw-Hill.

제6장

개인분석과
자기분석 이론

모든 정신분석가와 많은 정신분석적 정신심리치료사들은 개인분석이나 정신분석적 경험집단에 참여한 후에 자기분석을 하는 것을 당연하게 여겼다. 그들의 이와 같은 분석은 내담자들만이 아니라 상담사들도 그렇다고 보았다. 개인분석에서 자신의 내부 갈등이 나타나는 것, 이때의 강렬한 느낌, 경험을 조직하고 이해하는 것 등은 상담사가 하는 해석의 힘을 경험한 사람은 누구나 개인분석을 충분히 한다는 것은 어렵다고 생각할 수 있다. 그러나 모든 분석에는 훈습(Working through)의 시기가 있다.

분석을 받는 사람들은 상담사와의 관계에서 얻은 방식을 다른 사람과의 관계를 이해하는 데 이용한다. 다른 사람들과의 관계에서는 처음에는 많은 소망들과 두려움이 생기지만, 심리치료사와의 관계에서는 그렇지 않고 개인분석 생활에서는 이러한 것들이 나중에 일어난다.

자기분석은 개인분석의 이 시기들에 비교되어 자기분석에서는 별도의 분석가가 없다. 상담사는 내담자에게 분석을 어떻게 하는 것인가를 보여 준 연후에 내담자가 개인분석에서 배운 것을 혼자 하게 한다.

자기분석가의 역할이 이때 효력을 발휘하게 된다. 분석가가 자기심리학의 의미를 파악하고 분석을 하였다면, 피분석가는 분석가가 없을 때에 스스로의 분석에 있어서 객관성을 잃지 않을 확률이 높아진다.[31]

프로이트는 그의 저서 『끝이 있는 분석과 끝이 없는 분석』에서 '자기분석은 개인생활에 유용하고 역전이 분석에 필요하다'고 하였다.

쾨니히는 그의 저서 『자기분석』에서 일반인들은 가끔 분석가들에게 자신들이 스스로를 자기의 심리를 분석할 수 있는지 물었고, 그들은 프로이트를 언급하였다고 한다. 그러나 프로이트는 개인분석을 받지 않았고 자기분석을 하였다. 그는 자기분석에서 그의 친구 플리스가 동반자가 되었는데, 자신이 발견한 것에 대하여 대화와 서신으로 그와 토론하였고, 다른 분석가와도 대화를 하였다. 그리고 환자치료에서도 자신에 대한 것을 배울 수 있었다.[32] 한편, 심리치료는 '이해'와 '설명' 두 과정으로 진행한다. 이 둘은 독립적이지만 상호 의존적이다. 이 두 방법은 공감적 이해에 기초하여 심리치료 초반에는 주로 이해에 비중을 두지만 심리치료가 진전되고, 효과가 나타날수록 차츰 설명 쪽으로 비중을 확대해 간다. 이때 중환자의 경우 이해과정에 시간을 더 할애해야 한다. 이해과정에서 내담자는 심리치료사와의 강한 자기대상 연대형성이 중요하지만, 설명과정으로 갈수록 내담자의 통찰이 더 중요해진다.

1. 이해

이해는 내담자의 일상에서의 경험을 심리치료사가 내담자의 입장에서 생각하고 느껴 보고 내담자에게 이해했다고 말해 주는 과정으로, 내담자가 실제로 경험하는 감정을 공감하여 심정을 이해해 주는 것이다.

---

31) 이귀행 역(2001), 『자기분석』(원저자: Karl König), 하나의학사, pp.7~8.
32) 이귀행 역, 앞의 저서에서 재인용, p.8.

하인즈 코헛(Heinz Kohut)은 공감을 "타인의 내면세계에 들어가서 생각하고 느낄 수 있는 능력"으로 정의했다. 그는 공감을 통해서만이 환자의 내면세계를 이해할 수 있다고 하였다. 코헛은 자연과학의 방법을 참고할 필요는 있으나 궁극적으로 심리학은 외관법이 아닌 내관법과 공감에 기초해야 가치가 있다고 보았다.

공감은 타인의 경험에 근접하게 다가가서 타인을 경험하는 것을 뜻한다. 흔히 해석이나 설명은 환자의 경험과 거리가 있으므로 저항을 불러일으킨다. 하지만 공감은 환자의 경험세계에 이입하여 환자를 이해해 주므로 저항을 일으키지 않는다. 코헛은 과거 고전분석에서 저항이라고 불렀던 환자의 행동들은 대부분 심리치료사가 공감에 실패했기 때문에 나타난 환자의 정당한 반응이라고 보았다.[33]

코헛은 심리치료란 공감적 가정에 의해 타인의 내적 과정에 접근하여 그의 복잡한 정신과정을 이해하는 과정을 다음과 같은 세 단계로 설명하였다.

첫째, 환자의 방어분석
둘째, 자기대상 전이의 개발촉진
셋째, 성숙한 차원에서 자기와 자기대상 간의 공감적 일치관계의 확립

이런 일련의 과정을 통하여 개인은 전에는 분열되고 억압되었던 자기가 다양한 자기대상들과 공감적으로 관련을 맺으며 살아갈 수 있게 된다.

한편, 공감은 타인의 상태를 직관하거나, 그 사람이 처한 상황이라면 내가 어떻게 느낄까 예상해 보는 것이 아니다. 공감의 의미는 내담

---

33) Kohut, H.(1997), *The restoration of the self*, New York, International Universities Press.

자와 심리치료사 사이에 지지적 연대를 형성함으로써 내담자가 고통스럽지만 자신의 내면세계를 개방하고, 특정한 발달욕구를 표출시키게 지지해 준다.

또한, 공감한 것을 전달할 때에는 심리치료사가 환자의 무의식을 해석하여 표현하는 것이 아니다. 공감표현은 환자가 이미 전의식 수준에서 느끼고 있는 것을 말해야 한다. 만일 환자가 아직 느끼지 못하는 것을 앞질러 말하면 환자는 오히려 오해받는 느낌을 가질 수 있다. 특히, 경계성 장애 환자들의 경우에는 아직 핵심자기가 형성되지 않았기 때문에 조기개입으로 인한 공감실패는 쉽게 자기대상 연대의 파열로 이어질 수 있다. 이들은 보완적 자기구조보다는 방어적 자기구조를 갖고 있기 때문이다.[34]

2. 설명

내담자의 경험의 의미를 발생학적 · 역동적 · 경제적으로 해석하여 심리치료를 하는 과정이다. 이때 분석가는 내담자의 현재와 과거의 심리적 과정을 상호 관련지어 설명해 줌으로써 환자의 자신에 대한 이해를 확장시켜 준다. 이렇게 함으로써 내담자는 어린 시절의 트라우마(Trauma)를 훈습하고 고착을 해소하여 심리치료사와 새로운 자기대상 전이를 통하여 마침내 건강한 자기구조를 형성할 수 있다.

자기심리학의 중요한 공헌은 자기경험을 심리치료 이론의 핵심으로 부각시킨 것이다. 즉, 환자의 주관적 경험과 그것의 조직화를 정신분석의 주요 영역으로 가져온 것이다. 이때 자기경험이 환자의 고립적인

---

34) Kohut, H.(1997), 앞의 저서에서 재인용, p.8.

자기체험이 아니라 타인과의 관계 경험을 의미하는 점이 특히 자기심리학의 새로운 발상이다.35)

자기심리학에서 치료란 공감을 사용해 약한 자기를 강화시켜 주는 것으로서, 이를 울프(Wolf, E.)는 "파열의 회복과정"이라고 하였다. 이 과정을 설명하면 내담자는 심리치료 과정 중 가장 먼저 자기대상 욕구가 나타나서 심리치료사와의 관계에서 자기대상 전이가 형성되고 충족된다. 그러나 가끔 불가피하게 좌절을 겪으면서 자기대상 전이가 와해되기도 하는데, 이때 심리치료사는 다시 전이를 회복시키는 방법으로 내담자가 가지고 있는 과거의 트라우마 상황과 대비시켜 설명과 해석을 한다.

이렇게 회복된 전이관계는 이전보다 상호 이해를 바탕으로 더욱 상호 공명적인 관계로 발전하면서 자기(self)가 강화된다. 그래서 심리치료사와의 성공적인 자기대상 체험은 환자의 자기를 강화시켜서 차츰 사회적인 맥락에서 조금 더 쉽게 자기대상 체험을 할 수 있게 해 준다. 이때 원초적 자기대상 욕구가 심리치료사와의 공감적 공명관계로 발전하고 대치되는 것이 중요하다.36)

---

35) Wolf, E.(1988), Treating the self: Elements of clinical self Elements of clinical self psychology, New York: Guilford Press.

36) Wolf, E.(1988), 앞의 저서에서 재인용.

제7장

자기주도 심리학과
자기주도 심리치료

심리학은 인간의 마음을 이해하고 마음의 이치를 연구하는 학문이며, 심리치료는 심리치료사와의 상담과 상호작용을 통해 상한 마음 및 이상행동을 치료하는 것으로, 삶의 여러 차원에서 심리적 고통이나 부적응을 겪고 있는 환자와 인간의 사고, 감정, 행동, 대인관계에 대한 심리치료사와의 사이에서 벌어지는 일련의 협력적인 상호작용이다. 심리치료에서 말하는 상호작용은 제스처, 동작, 얼굴 표정, 감정 표현 등을 통해서도 이루어지지만 주로 언어를 통해 이루어진다.[37]

심리치료사는 내담자와 대화를 나누면서 내담자 자신에 대해 탐색하도록 돕고, 다양한 문제들을 스스로 이해하고 긍정적인 방향으로 나아가도록 돕는 역할을 한다. 심리치료의 목적은 인지적·정서적·행동적 기능에 어려움이 있을 때, 이를 더 좋은 방향으로 개선하는 것이다. 레이몬드 콜시니(Raymond Corsini)는 상담과 심리치료는 질적으로는 같은 것이고, 양적으로만 다르다고 말한다. 그는 상담은 비교적 짧은 시간에 문제 지향적으로 이루어지고, 심리치료는 상대적으로 긴 시간 동안 인간 지향적으로 이루어진다고 보고 있다. 결국, 상담과 심리치료는 뚜렷이 구별되는 기준이 있는 것이 아니라, 같은 전문가가 시행을 하더라도 어떤 목적을 가지고 하는가에 따라 차이가 나는 것이

---

37) 현성용 외(2010), 『현대 심리학의 이해』, 학지사, p.520.

라고 볼 수도 있다. 성장과 예방에 목표를 둘 때는 상담의 요소가 강하고, 병리적 상태의 개선이나 치료를 목표로 할 때는 심리치료라고 할 수 있다.[38]

그래서 심리치료에서는 각종 예술기법과 응용기술을 활용한 여러 심리치료 기술들에 대해 연구하게 된다. 오늘날에는 다양한 예술치료 기법들이 개발되어 음악치료, 문학치료, 무용치료, 놀이치료, 원예치료 등의 분야에서 심리적 장애나 신체적 어려움을 호소하는 환자들에 대한 교육 및 지지 서비스가 이루어지고 있다. 치료방법의 유형에는 정서적 지지, 설득, 조건형성 절차, 이완훈련, 역할연기, 약물치료, 바이오피드백(biofeedback), 집단치료 등 약 250가지 이상이 있다. 하지만 장면에 따라 나누면 크게 개인치료, 집단치료, 가족치료로 구분할 수 있다. 여기에 한 가지를 더 추가하면 자가치료가 있다. 자가치료를 하기 위해 자기개념을 살펴보면 현대 심리학에서 자기(self)라는 개념은 이전의 영혼의 개념과 대체된 것이다.

교육심리학적 접근으로 자기주도는 학습에서 찾아볼 수 있다. 자기주도 학습은 1960년대부터 1970년대에 걸쳐 미국, 캐나다, 영국 등지에서 개발되었고, 그 이후 점차적으로 평생교육 및 성인계속교육 관계자들로부터 집중적으로 관심을 받아 왔다. 자기주도 학습의 개념 도입과 그 이론의 발전에 결정적인 공헌을 한 사람은 터프와 노울즈(Malcolm S. Knowles)이다. 이들은 자기주도 학습과 관련된 다른 개념으로 자기수업, 자기공부, 개별연구 자율학습, 자기 계획적 학습 등을 지적하고, 이 같은 학습에 종사하는 인간을 자율적 학습, 자기추진 학습자 등으로 부르고 있다. 그런데 이 모든 용어 그 자체의 의미들은 타인의 지원이 없는 고립적인 상태로 공부하는 것을 말한다. 이와 다르게 자기주도적

---

38) 윤가현(2006), 『심리학의 이해』, 학지사, p.380.

학습은 학습을 고립화하지 않고 교사, 지도자, 교재, 교육기관 등 다양한 교육자원을 이용하여 학습자 자신이 학습의 전체를 계획하고 통제하며 감독하는 1차적인 책임을 지는 학습형태를 말한다.

자기주도 학습의 반대 개념은 노울즈의 표현에 따르면 교사주도적 학습이다. 자기주도적 학습의 주요 개념은 학습의 자기주도성과 학습자의 자기주도이다. 마찬가지로 심리치료에 있어서 심리치료사 위주의 심리치료는 내담자 주도의 심리치료와 다르다. 심리치료사가 주도하여 심리치료를 진행할 경우에는 내담자가 겪은 과거의 흔적과 마음에 남은 상세한 상처를 포괄적이고 구체적으로 파악할 수가 없다. 이 때문에 주로 경청하는 것과 지시하는 것으로 진행될 수 있다.

자기주도 심리치료는 심리치료사의 내담자에 대한 공간적인 개입을 전혀 하지 않는 가운데서의 심리치료를 말하고자 하는 것이다. 자기주도 심리학은 이러한 관점에서의 심리학이다. 자기주도 심리학에서 자기주도 심리치료를 수행하기 위한 방법은 독서와 글쓰기 치료이다. 먼저 책을 통해서 개입하는 것이다. 세상이 아무리 바뀌어도 종이 책에 대한 세계인의 사랑은 인터넷의 화면과는 바꿀 수 없다. 책의 장점을 손꼽아 보면 다음과 같다.

첫째, 책은 언제나 손쉽게 구입할 수 있다.
둘째, 언제나 손쉽게 들고 읽을 수 있다.
셋째, 보관이 용이하고 눈에 잘 띈다.
넷째, 활자가 읽기가 쉽고 눈에 피로감이 적다.

책을 통한 주기주도 심리치료는 어떻게 보면 심리학을 공부하는 학생이 자기주도 학습을 하는 것과 같은 이치라고 할 수 있다. 마찬가지로

이 책을 읽는 독자는 심리학을 공부하면서 자기의 심리를 치료해 나갈 수 있다. 심신의 건강유지와 증진을 위해서, 그리고 자신이 유아 때부터 받은 마음의 상처를 치료하기 위해 자기주도 심리치료는 매우 중요한 것이다. 사람이 정신적 쇼크 내지 마음의 상처로 인해 방황할 때 정신과 병원을 찾거나 심각하지 않은 경우 심리치료를 하는 기관을 찾는 것이 일반적인 방법이라고 하겠다. 심리치료를 위한 기관의 현황을 보면 세계에서뿐만 아니라 한국에서도 이미 많은 심리치료 기관들이 세워져 있고, 다양한 방법으로 심리치료가 진행되고 있다. 여기에 상담소까지 포함하면 상당히 많은 상담 및 심리치료센터, 연구소, 상담소들이 있다.

그런데 앞에서도 언급했지만 우리나라 사람치고 정신적인 데미지 (damage)나 심적인 트라우마(trauma)로 인해 심리치료를 받는 사람들은 극히 소수에 불과하다. 더욱이 수준 이하의 상담소 난립은 상담소에 대한 국민들의 불신을 낳고 사회문제가 되어 버렸다. 이런 현상들은 국민정서와 정신건강에 매우 심각한 상태를 유발시킬 수 있는데, 이에 대한 국가적인 노력이나 교육계에서의 노력도 미흡한 상태이다.

한편, 과거 군사정권에서는 그나마 반강제성을 가지고 국민체력증강을 위해 국민체조 등을 통해서 '건강한 신체에 건강한 정신이 깃든다'는 플랜(plan)을 가지고 국민건강을 독려해 왔는데, 선진화되어 가는 민주정권에서는 국민의 자유를 침해하지 않으려는 노력들이 자칫 국민건강 독려를 하지 않는 상태가 되었다고 말해도 과언은 아닐 것이다.

세계 많은 나라들 중에서 먼저 선진국이 된 서구 유럽 국가 중 대표적으로 프랑스의 경우는 오래전부터 국가가 앞장서서 국민건강 독려를 위해 홍보와 예산책정을 비롯한 다양한 지원을 아끼지 않고 있다. 국민의 건강은 아무리 강조해도 부족함이 없기 때문이다. 과거에는 육체적 건강을 많이 강조했으나, 현대사회에서 다양한 스트레스와 갈등

에 노출된 현대인들에게 있어서 육체건강 못지않게 더욱 중요한 정신
건강에 대한 중요성이 나날이 늘어 가고 있다.

우리나라의 경우도 2014년부터 정신건강을 위한 간단한 정신과 진
료는 보험사의 보험 가입제한을 할 수 없게 한 것과 2019년부터 국가
건강검진에서 우울증 검사가 20~30대로 확대 시행된 것은 국가가 국
민의 정신건강에 대한 중요성을 뒤늦게나마 인식한 결과 내려진 조치
라고 할 수 있다. 하지만 아직도 정신과에 가기를 꺼려 하는 사람들과
초기에 정신건강을 지키고 병을 예방하고자 하는 사람들이 주목할 만
한 심리치료방법을 자기주도의 심리치료라고 할 수 있다.

위에서 서술한 바와 같이 자기주도라는 용어는 학습 교육학에서 정
립되었다. 우리나라의 경우 2000년 초반만 해도 평생교육이란 용어보
다 이 용어는 생소하였다. 그러나 오늘날에는 전국에 자기주도 학습이
라는 간판이 웬만한 학원가에는 즐비하게 걸려 있는 것을 볼 수 있을
정도로 빠르게 보급된 교육방법이다. 자기주도 학습이란 과거에 교사
주도의 주입식 교육에서 벗어나서 학생이 스스로 학습의 방법 및 진행
을 주도해 나가는 학습자 위주의 학습지원방법이다. 그리고 교사는 학
습을 주도하는 학생들을 코치해 주는 역할을 한다.

마찬가지로 자기주도 심리치료는 상담자의 주도로 진행되는 심리치료
가 아니라 내담자 스스로 자신의 성격 및 심리를 체계적으로 분석하고
치료해 나가려는 과정을 심리치료사가 안내하고 지원하는 치료방법이다.

그러므로 기존의 심리치료 방법과는 차원이 다른 방법을 시도하는
것이다. 다행히 요즘에는 인터넷의 보급으로 정보통신사회가 되면서
사람들은 건강진단표를 비롯한 많은 의학정보와 지식들을 손쉽게 취
할 수 있게 되었다. 이것은 자기주도 심리치료의 효율성을 증대시키
고 있다.

제8장

자기주도 심리치료의 방법
(독서 & 글쓰기)

자기주도 심리치료 글쓰기에 앞서, 앞 장에서 기술한 바와 같이 먼저 독서가 필요하다. 제대로 된 글쓰기에 있어서 가장 기본이 되는 것은, 다른 사람들은 어떻게 글을 쓰고 있는지 눈으로 읽고 머리로 생각하고 마음으로 느껴야 하는 것이다. 책을 치료수단으로 쓰는 것은 진지한 의학적 견지에서 나온 것이다. 소위 독서요법은 지난 수년 동안 신경증 환자들을 치료하는 데 정당한 자리를 차지해 왔다. 환자는 특정한 책들을 읽으라는 권고를 받는다. 물론 그중에는 정신의학에 직접적으로 관련되지 않은 책들도 있다.

그러나 이 책들은 각각의 상황에 맞추어 효과를 고려하여 선정된다. 심리치료가 근본적으로 의사와 환자의 협력으로 이루어진다는 견지에서 볼 때, 책이 의사를 대신할 수 없고 독서요법이 심리치료 자체를 대신할 수는 없다. 하지만 책의 역할을 과소평가해서는 안 된다. 빅터 프랭클(Viktor E. Frankl)은 그의 저서 『심리의 발견』에서 다음과 같이 기술하였다.

> "수십 년간 심각한 신경증에 시달려 왔고 전문의의 치료에도 효과를 보지 못했던 사람이 어느 책 한 권을 읽고서 특정한 심리치료 방식과 기술을 스스로 적용하여 마침내 병이 나은 사례들을

가지고 있다."

"책으로 하는 심리치료의 효과는 병리학적인 면에 국한되지 않고 누구나 겪기 마련인 존재적 위기에서 책은 기적과도 같은 도움을 줄 수 있고 적절한 순간 적절한 책을 읽고 자살 충동을 떨친 사람들의 예는 여럿이 있다."

그는 이와 같은 맥락에서 책은 삶에 진정한 도움을 줄 수 있다고 하여 독서를 통한 심리치료의 가능성을 확실히 하였다. 빅터 프랭클은 그가 알고 있는 편지의 내용들을 소개하며 독서치료의 사례들을 기술하였다.

"저는 임종에 다다랐거나 감옥에 갇힌 사람들이 쓴 편지들을 알고 있는데, 그 편지들에는 외적인 고립 상황에서 내적인 마음을 여는 데 책 한 권, 심지어 문장 한 줄이 얼마나 도움이 되었는지 절절하게 기술되어 있습니다. 이런 치료 효과는 사람들이 모여 함께 책을 읽고 토론할 때 더 커집니다."

그는 플로리다의 주립 교도소 수인들이 즉흥적으로 모임을 만들어 함께 책을 읽고 치료효과를 얻은 과정과 결과를 소개하기도 하였다.

"우리 모임은 아홉 명의 수인들로 구성되어 있고, 일주일에 두 번 만납니다. 그런데 이 모임에서 기적이 일어났습니다. 의지할 데도 없고 희망도 없던 사람들이 삶의 의미를 찾게 된 겁니다. 플로리다에서 경비가 가장 엄중한 이 교도소, 고작 몇백 미터 떨어진 곳에 전기의자가 자리한 이곳에서……. 생각해 보세요. 우리의 꿈이 이루어졌습니다."

이 같은 현상은 달리 말을 할 수 없는 문학의 힘이라고 할 수 있다.[39) 그런데 독서는 타인의 글을 읽는 것으로서 자신의 상처를 치료함에 있어서 한계가 있다. 나는 독자가 독서를 통한 글쓰기의 방법을 익힌 후 글쓰기를 통한 자기주도 심리치료의 세계로 한 단계 올라서길 바란다.

나의 경우 오랫동안 평균 2주에 한두 권의 책을 읽었다. 하지만 다른 사람들의 글을 읽는 독서로는 응급조치 정도에 불과했다. 그러나 글쓰기를 통해 내 마음 깊은 곳에 난 상처가 아물고 새살이 나는 것과 같은 체험을 하였다.

그렇다면, 어떻게 자기주도 심리치료를 위한 글쓰기를 시작해야 할 것인가? 흔히 사람들은 글쓰기 치료의 방법으로 자서전을 거론하는 경우가 많다. 내담자 자신이 어릴 적부터의 기억들을 세월의 흐름 순으로 글을 쓰는 것이다. 그런데 이렇게 글을 쓰다 보면 과거의 일들을 억지로 기억해 내어야 하고, 그 기억들이 자연스럽게 떠오르는 연상이 부족할 수밖에 없다. 나는 자서전보다는 경험적 관점에서 주제를 정하여 에세이를 집필하였다.

그런데 자서전보다 효과가 매우 좋은 것을 발견했다. 당신이 에세이를 쓰고자 한다면 주제는 밝고 긍정적인 것으로 하길 바란다. 내가 쓴 첫 번째 글쓰기는 "위로와 희망"이라는 에세이였다. 책 제목이 말해 주듯이 상처가 난 마음을 치료하고, 희망을 가지고 미래를 향해서 담대히 나아가야 한다는 뜻을 담고 있다. 인간이 인생을 살아가다가 예기치 않은 사건 등으로 받게 되는 마음의 상처와 억눌린 감정을 어떻게 치료하고 해소할 것인가에 대해 쓰다 보니, 자연스럽게 나 자신의 현실을 객관적으로 들여다보면서 마음의 상처를 치료하며 희망으로

39) 강윤영 역(2012), 『빅터 프랭클의 심리의 발견』(원저자: Viktor Frankl), 청아출판사, pp.207~209.

나아가게 되었다.

더불어 에세이 발행 후 내 과거의 추억들을 소재로 하여 단편, 중편, 장편소설을 집필하면서 깨닫게 된 것은 에세이 집필 시 기억나지 않았던 과거의 잊혀진 일상과 사건들이 소설의 내용을 전개하는 과정에서 자연스럽게 떠올랐다는 것이다. 더욱이 무의식의 세계 속에 억압되어 있던 아픈 기억들이 의식화되어 떠오르고, 그 의식을 글로 다루는 과정에서 정화되고 정리가 되었다.

인간은 원시시대 때부터 자유분방하게 대자연 속에서 살아온 유전자를 가지고 태어난다. 일정한 규범과 규칙이 없이 생활하며 살아온 조상들의 유전자를 가지고 태어난 인간은 잠재의식에 자유가 내재되어 있기 때문에, 무한히 자유로움을 갈망하고 자유를 만끽할 때에 심신이 편안함을 느낀다.

대표적인 예로, 우리가 대자연 속으로 여행을 떠나서 느끼는 편안함이다. 여기서 중요한 것은 인간의 자유에 대한 의지가 긍정적인 방향으로 발산되는 것은 바람직하지만, 이기적인 욕구의 발산은 자신과 자신이 속한 공동체에 다소의 부작용을 일으킨다. 그래서 윤리적이고 규범적인 인간은 자유분방함을 억압하게 되는데, 이것이 잘되지 못할 경우 성격장애나 여러 신경증의 원인이 된다. 그런데 인간은 어차피 이기적인 존재라는 것을 깨닫게 되면, 이기적인 자신의 감정으로 괴로워하지 않게 된다.

"이기적인 인간은 타인에게 해를 끼치지 않는가?" 반문하며 우려를 표명하는 사람들은, 정말로 이기적인 사람은 그렇지 않은 사람들 보다 더 타인에게 해를 끼치는 것을 주저하고 망설인다는 것을 알아야 한다. 이기적인 사람은 타인에게 해를 주는 것이 곧 자신에게 해가 되기 때문에, 그들은 남에게 피해를 주지 않으려고 노력한다.

하지만 이기주의자는 그렇지가 않다. 이기적인 인간과 이기주의자가 다른 것은 이기주의자는 철저하게 자신만을 위하는 사람이다. 자신의 욕심에 눈이 멀어 타인의 아픔을 외면하며, 타인의 것을 내 것으로 만드는 데 지나치게 열중하는 사람이다.

프로이트는 인간의 성격은 원초아(id), 자아(ego), 초자아(super-ego)로 구성되어 상호작용을 한다고 주장하였다. 원초아는 본능적으로 쾌락을 추구하며, 자아는 외부세계를 통해서 경험하고 배우면서 원초아를 통제한다. 원초아가 쾌락원칙의 충실로 조정되는 데 반해 자아는 현실원칙의 충실로 조정된다. 초자아는 도덕적 가치를 추구하지 않고, 원초아의 갈망을 만족시켜 주며 성격을 지배한다. 자아는 원초아로부터 에너지를 받기 때문이다.

그러나 자아와 원초아만 구성되어 있는 성격구조는 완전히 이기주의자가 되어 비사회적인 행동을 한다. 성숙한 성인의 올바른 행동은 현실만이 아니라 도덕성에 있어서도 지배된다. 프로이트는 이것을 초자아라고 하였다. 초자아는 자아로부터 발달하는데, 출생 시 아동에게는 존재하지 않는다. 초자아는 부모 또는 사회와의 상호작용을 통해서 발달되는 도덕적 표준이나 사회적 이상이다. 어린 아동은 비도덕적이고 유쾌하게 보이는 것만 추구하는데, 아동이 성숙해져 가면서 선과 악에 대한 부모의 판단을 자기 것으로 동화시키고 적용하게 된다.

따라서 부모가 가하는 외적 금지는 내적 금지로 대치된다. 의식으로 작용하는 초자아는 부모가 아동을 관찰하고 지도하는 것처럼 개인의 자아를 관찰하고 지도하는 과업을 맡고 있다. 초자아의 과업은 원초아로 발생되는 용납될 수 없는 충동을 차단하고, 효율성보다 도덕성을 추구하는 자아에 압력을 넣어 완전을 추구하도록 한다.

원초아, 자아, 초자아는 유기적으로 조화롭게 작동해야 한다. 즉, 자아는 원초아의 요구를 초자아가 인정하는 방식으로 만족시켜야 한다. 이렇게 할 때 개인의 감정을 죄의식 없이 자유롭게 표현할 수 있다. 원초아가 지배적일 때 개인의 정서는 반사회적으로 거칠고 난폭해져서 자신만이 아니라 다른 사람들까지 위험하게 만든다. 반면, 초자아가 지배적일 때 개인은 지나치게 융통성이 없는 사람이 되어 정상적인 삶을 즐길 수 없게 된다.

또한, 원초아, 자아 그리고 초자아가 부조화가 발생할 경우에 인간은 신경증적 불안을 야기하게 되어 방어기제를 발동한다. 이 방어기제는 외적 위협이나 위협적인 충동을 직시하기보다는 자아를 보호하거나 또는 방어하기 위해 사용하는 무의식적이고 심리적인 책략으로 일종의 자기기만이다.

방어기제에는 부정(두렵거나 괴로운 현실의 측면을 보거나 듣는 것을 거부하는 기제), 억압(위협적인 충동이나 생각을 의식적으로 차단하려는 기제), 합리화(사회적으로 받아들일 수 없는 행동을 합리적이고 용납되는 방향으로 정당화하는 기제), 반동형성(자신의 참된 생각이나 감정과는 반대되는 감정이나 행동을 과장되게 취하는 기제), 투사(용납되기 어려운 현실을 자신의 것으로 인정하기보다는 타인이나 외부로 전가시켜 버리는 기제), 동일시(자신보다 강하거나 우월한 타인의 가치나 특성을 자기 것처럼 내면화하여 자신의 약함을 부정하는 기제), 이지화(위협적인 상태에 직면했을 때 그것을 이지적으로 설명해서 정서적인 충격이나 고통을 부인하는 기제), 전위(물리적 및 사회적 조건 때문에 자신의 동기와 욕구를 만족시킬 수 없을 때 그것을 덜 위험한 대상들에게서 충족하려는 기제), 끝으로 승화가 있는데, 승화는 성적 및 공격적 충동을 사회적으로 바람직하다고 간주되는 다른 형태로 변형되는 방어기제이다. 즉, 직접적으로 표현할 수 없는 성욕적

에너지를 회화, 음악, 문학 등으로 표현하는 것이다. 방어기제 중 가장 바람직한 것은 건전한 승화이다.[40)]

방어기제의 건전한 승화 중 하나인 창작은 개인의 이기적인 욕구나 이기주의자로서의 자신의 모습을 점검하고 정화하는 데도 도움이 된다. 개인의 역량에 맞게 에세이, 단편소설, 중편소설 또는 장편소설을 쓸 수 있다. 인내심을 가지고 형편에 맞게 집필시간을 편성하여 장, 단기간 꾸준히 쓰다 보면 확실히 독특한 효과를 체험할 수 있을 것이다. 정신분석학자인 정도언 서울대학교 명예교수는 전문의도 당신의 심리치료법을 잘 모른다고 다음과 같이 주장하였다.[41)]

프로이트가 1939년 사망하기 얼마 전부터 정신분석학에 새로운 이론이 등장하기 시작하였다. 영국의 런던에서 활동한 멜라니 클라인(Melanie Klein, 1882~1960)과 그 지지자들이 새로운 목소리를 내기 시작한 것이다. 클라인 학파는 프로이트의 무의식을 '환상'이라는 개념으로 인식하여, 환상의 근원은 몸이어서 뇌가 아직 미숙한 신생아에게도 나타난다고 주장하였다. 따라서 말이 아직 미숙한 어린아이도 '놀이'를 활용하여 정신분석을 하였다.

클라인 학파는 나치 독일의 압제를 피해 영국으로 망명한 프로이트의 딸 안나와 프로이트의 지지자들과 열띤 논쟁을 하였다. 그 결과 이론은 발전하였지만 서로에 대한 적대감은 커져만 갔고, 모두 영국정신분석학회의 소속이었지만 각자의 길을 가게 되어 프로이트 학파, 클라인 학파, 어느 쪽에도 속하지 않은 독립 집단이 경쟁구도를 형성하였으나 세월이 흐르면서 현대 클라인 학파의 분석과 프로이트 학파의 분석은 서로 조금씩 닮아 가고 있다. 프로이트 사후 미국에서는 자기심

---

40) 박창호 외(1995), 『현대심리학 입문』, 정민사, pp.370~371.

41) 정도언(정신분석학자, 서울대학교 명예교수), 동아일보 2019. 2. 21., "정신분석 책보고 따라하면 된다? 전문의도 당신 심리치료법 잘 몰라요."

리학이 주도하였으나 관계 학파의 등장으로 상호주관성 이론이 등장하여 분석자와 내담자의 관계를 통해서 현재 이루어지는 경험이 분석의 핵심이다.

과거는 중요하지 않다. 과거의 진실에 대한 해석보다는 새로운 관계의 경험에 집중하는 것이다. 정신분석의 실제도 결코 책을 읽고 이론만으로는 따라 할 수 없는 매우 전문적인 영역이다. 어떤 이론도 모든 사람에게 표준적으로 적용할 수는 없다. 모든 사람의 지문이 다르듯이 사람은 모두 고유한 성품과 기질을 가지고 있고, 어느 하나의 틀에 맞출 수 없다고 하였다. 프로이트 생전에는 분석가는 전문가로 이미 다 알고 있고 분석을 받는 사람은 모르고 있으니 알려 준다는 식이었다. 그러나 현재는 분석가도 모르고 내담자도 모르니 서로 협동작업을 하여 알아 가자는 식이다.

이렇게 분석가의 역할이 '선생'에서 '동반자'로 바뀌었다. 정신분석의 이론의 다양성에 대해 무리한 통합보다는 다양성을 인정하고 분석받는 사람의 고유성에 맞추어 가장 적합한 이론을 활용하면 된다는 입장이다. 모든 사람은 다 특별하다. 정신분석 이론보다는 실제 상황에 초점을 맞추는 것이 합리적이다.

이 같은 주장이 대두하게 된 원인은 프로이트의 생전 시와 다르게 현대사회는 매우 복잡하고 다양하다. 그 결과 인간의 정신적인 문제도 어느 하나의 심리학 이론으로 설명하고 진단할 수 없을 정도로 복잡하고, 프로이트 사후부터 지속적으로 다양한 심리학 이론들이 연구 개발되었기 때문이다. 그래서 어느 하나의 심리학 이론을 고집하거나 집착하는 것을 버리고 심리학의 다양성을 인정하고 한 개인의 문제 해결을 중심으로 상황에 맞는 심리학 이론을 적용한 심리치료의 필요성이 나오게 된 것이다.

제9장

자기주도 심리치료
글쓰기 전략

자기주도 심리치료 글쓰기 준비하기

- 글을 쓰는 시간을 만들어라.

특별한 글이 아닐지라도 꾸준히 글을 쓰는 습관을 가지기 위해서는 무엇보다도 일상생활에서 흥미로운 내용이나 자극받은 사건을 글로 쓰는 시간을 가져라. 특히, 자신의 마음을 점검하는 것이나 현재 자신의 결심이나 각오를 표현하는 글을 쓰는 것은 자기개발을 위해서도 좋다.

- 인터넷 등 SNS를 활용하여 틈틈이 읽을 만한 것을 찾아서 읽어라.

인터넷이나 스마트폰에는 언제나 당신이 읽을 만한 짧은 글로 가득하다. 옥석을 가려서 매일 잠시라도 읽는 시간을 가져라.

- 장시간 글쓰기에 적합한 환경을 조성해라.

장시간의 글쓰기에 적합한 환경을 조성하는 것이 글쓰기에 좋다. 특히 비가 오는 날이나 공휴일 등 자신만이 누릴 수 있는 조용한 날에 글을 써라. 우리나라의 경우, 장마철은 장시간 글쓰기에 매우 좋은 기간이다. 장마철은 몇 주간 온 천지에 한없이 비가 내린다. 2014년 장마철에 나는 몇 개월 동안 쓰다가 진척이 없었던 장편소설의 대부분을 완성하였다. 싱그러운 5월, 만물이 생동하는 계절도 좋다. 만물이 생동하듯이 사람의 몸과 마음도 활기가 넘쳐나기 때문이다.

- 글쓰기에 도움이 되는 도구들을 사용하기 편하게 책상 위에 배치해라.

개인용 컴퓨터(PC) 또는 노트북을 활용할 때 언제든지 자료를 찾아보고 참고하기 편리하게 스마트폰, 볼펜, 메모지 등을 손이 닿는 곳에 배치하는 것이 글쓰기에 좋다.

- 평상시 영화 또는 휴먼 다큐멘터리를 감상해라.

감동적인 영화나 휴먼 다큐멘터리를 시청하게 되면, 글을 쓰고 싶은 지적 욕구와 열정을 갖게 되는 경우가 많다. (특히, 베스트셀러 소설을 원작으로 만든 영화를 추천한다.)

- 아름다운 그림이나 추억의 사진을 감상해라.

당신이 소장하고 있는 다양한 장르의 앨범 사진이나 인터넷에서 찾아볼 수 있는 명화나 여행 사진, 꽃, 나무, 산, 들, 바다 등 자연을 담은 풍경 사진은 당신의 안구정화를 돕고 정신과 마음을 평화롭고 싱그럽게 하는 데 유익하다.

- 관련 분야의 소장 서적을 선별하여 배치해라.

당신이 평소 읽었던 책들 중(에세이, 심리상담, 자기개발, 교양서적과 소설 등)에서 현재 당신이 쓰고 있는 글에 모델이 되는 책들을 준비해라. 그리고 당신이 선택한 주제와 비슷한 내용이 있다면, 그 작가들은 어떻게 기술하였는지 살펴보고 참고해라.

- 글을 쓰면서 감상할 음악을 준비해라.

당신이 애창곡으로 듣는 여러 장르의 음악, 예를 들어 클래식, 팝송, 가요 중 애창곡 10곡 정도를 선곡한 후 그 음악을 감상해라. 음악 감상은 글을 쓸 때 당신의 감정에 좋은 영향을 미친다. 무엇보다 마음을 안정시키는 데 도움이 되는 곡을 선정하고, 신나는 내용의 글을 쓸 때에는 경쾌한 곡, 평안한 글을 쓸 때에는 조용하고 분위기 있는 곡을 청취하는 것은 개인의 선택이다. 단, 곡 선정에 있어서는 엄격해야 한다. 특히, 건강하고 건전한 곡을 선정하여 청취하고, 언어를 알 수 없는 곡은 번역한 가사를 찾아보고 건전하고 긍정적이고 의지적인 의미가 듬뿍 담긴 곡을 선정해서 청취하는 것이 좋다.

나는 약 10년간 글을 쓰면서 다음과 같은 애창곡을 선정하여 청취하였다.

- 2008~2016년
  - Susanne Lundeng - Jeg Ser Deg Sote Lam
  - ABBA - I have a dream
  - Susan Jacks - Evergreen
  - Barbra Streisand - Evergreen

- ○ Carol Kidd - When I Dream
- ○ Rod Stewart & Amy Belle - I don't want to talk about it
- ○ The Carpenters - Yesterday Once More
- ○ 小坂明子 - あなた
- ○ Teresa Teng - 월량대표아적심(月亮代表我的心)
- ○ 윤도현 밴드 - Love two

- **2017~2019년 추가한 곡**
  - ○ Andre Rieu, The Johann Strauss Orchestra
    - Can't Help Falling in Love
  - ○ Elvis Presley - Can't Help Falling in Love
  - ○ Teresa Teng - Can't Help Falling
  - ○ Rod Stewart - Sailing
  - ○ Andre Rieu, The Johann Strauss Orchestra - She
  - ○ Susanne Lundeng - Bruremarsj fra Sørfold

노래 가사를 글의 소재로 활용하는 것은 글의 감동을 더해 준다. 나는 『행복에게 행복을 묻다』의 한 장면으로 한국에서 출생하여 초등학교 2학년 때 일본으로 떠났다가 성인이 되어 고향을 찾은 하나꼬가 어릴 적 놀던 싱그러운 정원의 풍경을 바라보면서 지난날의 상념에 잠겨 있을 때 라디오에서 흘러나오는 "Evergreen"으로 그녀의 심리를 묘사하였다.

"하나꼬는 방문 밖 정원을 천천히 둘러보았다. 검푸른 돌로 쌓은 마당가 돌 틈 사이로 솟아난 파릇파릇한 풀들이 질긴 생명력을 자아내고 있었다. 이끼 낀 우물 옆 앵두나무에는 가지가지마다 붉디붉은 앵두가 먹음직스럽게 달려있고, 앵두나무 주변에는 연분홍색 철쭉꽃들이 가지런히 피어있었다. 어느 새 정겨운 풍경에 취한 하나꼬는 고향에서 느낄 수 있는 안정감이 밀려왔다.

그녀는 한참 동안 정원을 바라보다가 방 안으로 시선을 돌리더니 청포가 그려있는 옷장 위에 놓인 라디오를 켰다. 때마침 라디오에서는 그녀가 일본에서 즐겨 듣던 수잔 잭슨의 'Evergreen'이 정겹게 흘러나왔다.

Sometimes love will bloom In the spring time ～
봄이면 사랑이 움트고
여름이면 내 사랑의 꽃이 피어나요.
겨울이 다가와 차가운 바람이 불기 시작하면
꽃잎은 시들어 버려요.
하지만 사랑이 언제나 푸르고 푸르다면
여름이 지나 겨울이 와도 싱그럽게 피어있겠죠.
그대를 향한 나의 사랑처럼 푸르다면요.
그러니 내 손을 잡고 내게 말해 주세요.
기쁠 때나 슬플 때에도 나의 사랑이 되어주겠다고
시간이 흘러도 우리의 사랑은 언제나 푸르다는 걸
온 세상이 볼 수 있도록 말이에요.

노래를 감상하다가 하나꼬는 이 노래가 마치 왕성을 향한 자신의 심정을 읊어주는 듯해서 마음이 짠해왔다."

- 자신의 경험을 살려서 글을 쓰라.

형식에 얽매이지 않고 개인이 보고, 듣고, 느끼고 체험한 것을 글로 쓰는 에세이뿐만 아니라 창작소설도 글을 쓰는 사람의 경험이 바탕이 된다. 당신이 지금껏 간직한 지난날의 소중한 추억, 여행, 평범하지만 정감이 있던 일상 등의 경험을 통한 감정은 소설의 소재가 된다.

- 가능하다면 글의 배경이 되는 추억의 장소에 직접 다녀오면 좋다.

당신의 삶의 추억이 깃든 장소에 글을 쓰기 전이나 집필 중에 찾아보면 희미해진 지난날의 느낌을 다시 느낄 수 있다. 그곳에서 내용의 전체적 윤곽을 구상하거나 글의 소재를 찾아보기 바란다. 해외 등 다시 찾아보기 어려운 곳은 인터넷 검색을 통해서 여행지를 탐색하여 음미할 수도 있다.

- 주제를 정해서 쓰라.

주제란 자신이 글을 통해서 말하고자 하는 중심 생각이다. 주제를 정할 때 주의할 점은 자신이 잘 알고 있는 것을 선정해야 하며, 글의 구성에 있어서 전체적으로 당신이 의도하는 주제가 글 전체에 일관성 있게 드러나야 한다. 그리고 각 장별로 소주제를 정하여 글을 쓰는 것은 글의 간결성과 명료성에 도움이 된다.

- 자신감을 가지고 쓰라.

처음부터 첫 글을 안 쓰고 작가가 된 사람은 한 사람도 없다. 글을 잘 쓰고, 못 쓰고를 떠나서 자신감을 가지고 꾸준히 글을 쓰는 것이 중요하다. 그러면 언젠가 당신은 좋은 글을 쓸 수 있게 된다. 작가가 되기 위해 글을 쓰는 것이 아닌 자기주도 심리치료 글쓰기는 글의 수준이 중요하지 않다. 그러나 당신이 원한다면 꾸준히 쓴 글을 모아서 하나의 저서로 출판할 수도 있다.

제10장

자기주도 심리치료
에세이 쓰기 전략과 길라잡이

1. 에세이 쓰기 전략

사전적 정의로 에세이는 형식에 얽매이지 않고 보고, 듣고, 체험한 것, 느낀 것을 생각나는 대로 쓰는 산문 형식의 짤막한 글이다.[42) 그러므로 에세이를 쓰는 방법을 익히고 자기주도 심리치료 글쓰기를 시작하길 권한다. 글을 쓰는 방법을 익히는 과정을 통해서 편안하게 글과 친숙해지고 일종의 하소연이 아닌 지식수준의 향상을 통해 뇌와 마음을 워밍업 할 수 있으며, 그동안 회피해 왔던 자신의 지난날의 고통스럽던 사건과 내면의 상처를 직면할 때의 충격을 완화시켜 주는 완충제가 된다.

먼저 쉽게 접할 수 있는 신문사설 중 일상적인 삶의 내용을 담은 교양사설을 많이 읽어라. 더불어 에세이를 많이 읽어라. 우리나라의 수필가인 피천득님이 자신의 인생을 뒤돌아보고 쓴 에세이『인연』은 우리나라 에세이의 모범이 된다. 인연에 이런 글이 있다.

"그리워하는데 한 번 만나고는 못 만나게 되기도 하고, 일생을 못 잊으면서 아니 만나고 살기도 한다. 아사꼬와 나는 세 번 만났다. 세 번째는 아니 만났어야 좋았을 것이다."[43)

---

42) 다음, 한국어사전.

당신이 만일 사랑하는 사람과 헤어져서 절망과 고통으로 번민하고 있다면, 사람마다 상황은 다르겠지만 일생을 못 잊어하면서도 아니 만나고 사는 사람이 많다는 것으로 위안이 될 것이다. 만일 당신이 사랑하는 배우자와의 사별로 절망과 고통 속에서 잠 못 이루고 있다면 빅터 프랭클의 에세이 『죽음의 수용소』가 도움이 될 것이다. 제2차 세계대전 중에 나치에 의해 아우슈비츠 수용소에 가족이 모두 끌려가서, 결국 사랑하는 아내를 잃고 홀로 살아 돌아온 그를 미국의 신문사 기자가 그의 집을 찾아가서 인터뷰를 했다.

"나는 당신이 사랑하는 아내를 잃어서 괴롭게 살아갈 것이라고 생각했는데, 너무 행복한 얼굴입니다."

이 말을 듣고 빅터 프랭클이 차분하게 말했다.

"내가 사랑하는 아내를 기억하고 있는 한 아내는 언제나 나와 함께 있습니다."

나는 2015년경 사회복지관 관장으로 근무할 때 상담직원으로부터 "말기 암에 걸린 아내가 갑자기 세상을 떠난 후 큰 슬픔에 빠진 지역내 한 노인이 식음을 전폐하고 술만 먹고 살며, 매일 동네가 떠나갈 정도로 울고 소리치는데 자신이 집으로 찾아가서 상담을 하려 해도 전혀 들으려 하지 않는다며, 병들어 죽을까 봐 걱정이 된다"는 보고를 받았다.

그때 나는 그 직원에게 내일 방문하면 그분에게 따뜻한 표정과 말씨로 다음과 같은 말로 위로해 주라고 했다.

---

43) 피천득(2010), 『인연』, 샘터, p.133.

"어르신이 사랑하는 아내는 세상을 떠나셨지만, 어르신이 그분을 기억하고 있으면 그분은 항상 어르신 곁에 계신 거예요. 힘드시겠지만 식사하시고 기운을 차리세요."

다음 날 노인은 그 말로 위안을 삼고, 일상적인 생활로 돌아왔다. 책을 읽는 것 다음으로 평상시 자신이 겪고 있는 문제나 사건을 객관적으로 보는 습관을 키우기 위해, 문제에 대한 자신의 생각과 극복할 각오 등 짧은 글을 쓰는 습관을 키워라. 세상에 태어나서 가장 먼저 기억나는 것, 철없이 뛰놀며 순수했던 어릴 시절과 청소년기, 성인기에 즐거웠던 추억과 씁쓸하거나 쓸쓸했던 고충을 잘 극복했던 기억을 써라. 추억여행이라고 생각하고 자신이 이 세상에 태어난 후의 첫 기억부터 물 흐르듯 써 나가라. 출판을 위한 것이 아닌 만큼(원한다면 출판도 가능하지만) 편안하게 글을 써 나가라.

마치 프로이트의 정신분석학에서 자유연상과 같은 맥락으로 기술해라. 프로이트의 자유연상이 '기억나는 것을 무엇이든지 말로 표현하게 하는 것'이라면, 자기주도 심리치료 글쓰기는 '주제를 가지고 자신이 겪었던 추억들을 생각나는 대로 적어나가는 것'이다. 당신은 누구보다 당신 자신에 대해서 잘 알고 있다. 자신의 마음의 상처, 그 상처의 경함 또는 중함, 상처를 준 사건, 사건 속의 인물 등 모든 것을 알고 있다. 하지만 상담가 또는 심리치료사를 만나서 상담을 하는 경우에는 자신에게 상처를 준 모든 사건과 인물을 다 드러내는 데는 주저하거나 표현의 한계를 느낄 것이다. 그러나 자신이 누구에게도 구애받지 않고 마음껏 쓸 수 있는 자기주도 심리치료 글쓰기는 가능하다.

나는 자기주도 심리치료에서 자유연상을 말이 아닌 글로 쓰는 것에 있어서 무엇이나 되는 대로 쓰는 것을 지양한다. 어린 시절에 대한 주제로 쓸 때, 어린 시절 마음이 따뜻했던 때로 방향을 정하고 글을 쓰길 바란다. 쓸쓸하거나 슬펐던 경험은 현재의 성인의 사고를 가지고 승화시켜서 바람직한 해피엔딩으로 글을 마쳐야 한다. 누구나 어린 시절은 때 묻지 않은 순수한 시절이었다.

그 시절은 그 누구의 마음도 하얀 도화지와 같다. 그 도화지에는 나만이 아닌 가족이나 타인에 의해서도 내가 원치 않았던 자국들이 묻어 있기도 하다. 마음에 묻은 자국, 비난의 낙서, 꾸겨짐을 해결하는 것은 따뜻한 기억을 떠올리고 강화하는 것이다. 당신은 에세이를 쓰는 동안 자신이 모르고 있던 낮은 층에 있는 무의식이 글의 소재 속에서, 글의 내용 속에서 문득문득 떠오르는 경험을 하게 될 것이다. 그 무의식은 기쁨과 슬픔이 어우러져서 떠오르는 경우도 있으나, 당신은 어릴 적 마음이 따뜻했던 시절을 글로 쓰고 있기 때문에 슬픔은 따뜻함 속에 녹아지고 따뜻함은 더욱 강렬하게 당신의 마음과 영혼을 감싸게 된다. 그리고 당신의 마음은 한결 훈훈해지고 몸은 기분 좋은 전율을 느끼게 된다.

그 결과 당신의 뇌에서 세로토닌, 엔도르핀, 도파민 등의 호르몬이 생성되어 기분을 전환시키고 병든 몸과 마음을 치료한다. 당신의 청각은 잔잔한 음악의 신선한 자극을 받아 그날의 추억들을 더욱 효과적으로 감동스럽게 할 것이다. 마치 감동적인 영화를 볼 때 영화의 OST가 감동을 더하는 것과 같은 이치이다. 감동을 받으면 최근 현대의학이 발견한 다이돌핀이 생성된다. 다이돌핀은 암과 통증을 해소하는 효능이 엔도르핀의 4,000배라고 한다. 글의 주인공은 당신이고, 당신은 따뜻했던 어린 시절의 추억 속에서 마음껏 자신만의 기쁨을 만끽할 수 있다.

다음 단계로 무의식에서 의식화된 즐거운 생각들을 강화시켜라. 강화된 의식이 현재의 당신의 자아를 건강하게 한다. 자신의 의식이나 관념인 자아의 건강은 정신의 건강과 마음의 건강을 낳게 되어, 궁극적으로 밝고 긍정적인 성품을 갖게 한다. 마음속에 있는 쓴 뿌리가 조금씩 사라지게 되는 것이다. 에세이는 일반적인 기억을 자연스럽게 기술하며 자신을 돌아보게 하는 것으로 무의식의 기억이 에세이 집필로 의식화할 수 있는데, 이것은 표면적인 무의식을 드러내어 의식으로 강화시킬 수 있는 정도이다. 또한, 무의식 속에 의식화된 내용만이 아닌 이미 의식화되어 있는 것도 글쓰기를 통해 더욱 선명해지고 뚜렷해져서, 자신의 자아에 건강한 영향을 미친다. 하지만 더욱 깊이 내재되어 있는 무의식은 소설을 통해서 가능하다.

2. 자기주도 심리치료 에세이 쓰기 길라잡이

에세이를 쓰기 시작할 때 주의할 점은 디테일(detail)하게 글을 적어 나가는 것이다. 마치 조각가가 조각상을 조각하듯, 화가가 세밀하게 그림을 색칠하듯 면밀한 작업이 필요하다. 글을 쓰면서 추억속 자연의 모습을 눈으로 그려 보고, 그날의 향기로운 꽃향기와 신선하고 진한 풀내음에 취해 보라. 당신이 글을 쓰는 동안 다시 느껴질 것이다. 사람은 과거를 기억함으로, 지난날 자신의 마음과 오감에 각인되어 있는 느낌을 회복하고 포착할 수 있다.

글을 쓰면서 지난날의 추억을 충분히 느끼면서 세세하게 적어 나가보라. 당신이 기억하는 그 추억 속의 그날이 봄날이고 장소가 5월의 아름다운 동산이었다면 푸른 하늘과 흰 구름, 선선한 봄바람, 아롱아

롱 피어나는 아지랑이, 온갖 색깔의 꽃, 자태나 상태(얼마나 흐드러지게 피었었는지, 그 흐드러진 모습은 무엇처럼 보였었는지), 노래를 부르고 있던 새는 산새인지 물새인지, 아니면 이름 모를 새였는지, 새소리는 어떤 소리를 내고 있었는지, 녹음의 푸르름의 정도는 어떠했으며 전체적인 경치는 얼마나 아름다웠는지를 구체적으로 묘사하는 것이 필요하다. 나는 어릴 적 아버지와의 행복했던 첫 소풍의 기억이 있다. 이 추억을 글로 적어 보겠다.

> "초등학교 3학년 여름방학 때 아버지와 함께 처음으로 동네 뒤편에 있는 호암산을 넘어 삼막산 계곡에 가기 위해 등산을 하였다. 계곡에 도착한 아버지와 나는 삼막산 계곡에 있는 넓고 큰 바위에 누어 휴식을 취하였다. 그때 내가 올려다본 하늘에는 하얀 뭉게구름이 기둥처럼 솟아오르며 피어 있었고, 계곡의 물은 졸~졸~졸~ 내 귓속을 간지럼 태웠다.
> 그때 녹음이 진한 숲속 어디에선가 들려온 물새소리가 '초로롱~ 초로롱~' 내 귓속을 시원하게 하였다. 그때 아버지께서 기분이 좋아서 찬송가인 '참 아름다워라 주님의 세계는'를 부르셨고, 나도 아버지를 따라 함께 찬송을 부르며 아름다운 자연을 주신 하나님을 찬양하였다."

자기주도 심리치료 글쓰기인 만큼 의미가 있고 자기개발에 도움이 되는 주제를 선정하여, 그 주제에 맞게 자신의 경험과 독서를 통해 얻은 간접경험을 서술해 나가라. 그리고 그 경험을 통해서 얻은 마음가짐을 글로 표현해 보라.

제11장

자기주도 심리치료 에세이와
자기주도 심리치료 분석

내가 에세이『위로와 희망』[44]를 쓰게 된 계기는 48세에 작가로 등단한 미국의 포리스트 카터(Forrest Carter)가 쓴『내 영혼이 따뜻했던 날들』을 읽고 감동을 받았기 때문이다.

나는 이 책의 저자와는 다른 나라, 다른 시대와 환경에서 자랐지만, 그와 마찬가지로 나도 아름다운 자연이 주는 환경 속에서 가족의 사랑과 이웃의 정을 받고 자라면서 내 영혼이 따뜻했던 어릴 적 아름다웠던 추억들이 새록새록 떠올랐다.

그때 나는 주저하지 않고 아름다웠던 그 시절의 추억들을 글로 쓰기 시작했다. 일을 하면서 또는 공휴일에 틈틈이 일 년여 동안 계속 글을 쓰면서 나는 잊어버렸던 기억들이 구체적으로 떠오르는 경험을 자주 하게 되었다.

그중 하나가 내가 세상에 태어나서 기억나는 첫 기억을 더듬은 것이다. 그 첫 기억은 어릴 적 살았던 산동네 방 안에서 아버지와 함께 대화를 하다가 창문을 열고 하늘을 본 기억이었다. 그때 내가 본 밤하늘에는 수많은 별들이 영롱하게 반짝반짝 빛나고 있었다. 이때까지만 해도 출판이 목적이 아니었기에 취미 삼아 습작하는 정도였다. 그러다가 그 당시 가정 갈등으로 아내와 3년째 별거생활 중에 있었던 나는

---

44) 최왕규(2010), 『위로와 희망』, 이담북스.

마음의 아픔을 달래는 데 있어 글쓰기가 의미가 있다는 것을 서서히 체험하기 시작하였다. 그리고 이별을 첫 번째, 소주제로 하여 출판을 목적으로 본격적으로 글을 쓰기 시작했다.

나는 이 세상에는 어떤 종류의 이별이 있는가 알고 싶었다. 독서와 자료를 찾아보니 세상에는 참으로 많은 종류의 이별이 있었다. 부부 간의 이별, 사별, 자녀와의 이별, 부모와의 이별, 국가와의 이별 등 역사적으로 이별을 겪은 사람들의 실상과 극복 또는 좌절에 대해서 알아보고, 그것을 글로 쓰면서 내가 겪고 있는 이별의 상처로 인해 좌절하지 않을 마음의 근력을 키울 수 있었다.

그리고 인간은 태어나면서부터 천부적으로 마음의 상처를 치료하는 능력을 가지고 태어났다는 것을 실감할 수 있었다. 또한, 살아가는 것이 무의미하게 느껴지기 시작했을 때 나는 에세이를 집필하면서 인간에게 가치 있는 삶은 무엇인가 생각하게 되었다.

나는 왜 살아야 하는가? 내가 살아가야 할 이유, 즉 존재의 이유는 무엇인가? 인간의 근원적인 문제에 대해 글을 쓰면서 오랫동안 잊고 지내 왔던 어릴 적 교회에서 받았던 기독교 교육이 떠올랐다. 그리고 그 내용을 적으면서 나의 삶의 목적이 다시금 분명해졌고, 어려운 현실임에도 다시 살아가야 할 이유를 알게 되었다. 상담 또는 심리학 강의 중 나는 학생 또는 연구원들에게 다음과 같은 질문을 많이 하였다.

"종교적이거나 추상적인 것을 제외하고, 당신이 현재 인생을 살아가는 이유는 무엇인가요?"

그런데 이 질문에 선뜻 답하는 사람들은 그리 많지 않았다. 나는 그들 중 몇 사람을 지정하여 물어봐도 선뜻 말하지 못하는 경우가 대부분이었다. 많은 사람들이 왜 사는가에 대한 이 질문에 즉답을 못하는 이유는 인생의 목적이 불분명하기 때문이다. 인생의 목적이 불분명한 사람들, 즉 사는 이유가 불분명한 사람들은 만일 예기치 않은 충격적인 사건을 겪게 된다면 정신적으로 충격을 받을 확률이 매우 높다. 사람이 아무리 고통스러운 일을 당할지라도 충격을 받지 않으면, 한시적으로 힘은 들어도 정신적인 문제를 일으키지는 않는다. 다시 말해서, 삶의 목적을 가진 사람은 그만큼 안전할 수 있다. 그동안 내가 들은 답변은 다수의 사람들이 "자녀 때문에 산다"였다. 사람이 자녀 때문에 사는 것은 삶에 커다란 의미가 된다.

빅터 프랭클은 나치가 만든 죽음의 수용소였던 아우슈비츠에서 같은 민족인 유대인들에게 도움을 주기 위해 상담을 하면서, 그들의 가족 소식을 알아보고 전해 주는 역할을 하였다. 그 이유에 대해 훗날 빅터 프랭클은 아우슈비츠 수용소에서 삶을 포기하고 죽으려고 하는 사람들은 아침 기상시간에 매를 맞아 죽어 가면서도 꿈쩍도 하지 않았다. 그러나 삶을 포기하지 않고 그 비참한 수용소에서 살아갈 용기를 갖게 되는 경우가 있는데, 그것은 자신이 사랑하는 가족이 어딘가에 살아 있다는 소식을 듣게 되었을 때였다고 말했다. 그래서 그는 자신이 상담하면서 알게 된 그들의 가족 소식을 사명감을 가지고 전해 주면서, 그들이 삶을 포기하지 않고 살아야 할 의미를 갖도록 도운 것이다. 결과적으로 삶의 의미를 발견하고 삶을 포기하지 않은 사람들은 해방을 맞을 수 있었다.

사랑하는 가족은 사람이 살아가는 이유 중 가장 중요한 위치에 존재한다. 나의 경우도 구체적으로 살아야 할 이유는, 그 당시 중학생과 고등학생이었던 자녀들을 교육시키고 돌봐야 한다는 삶의 의미가 분명하였기 때문에 극한 어려움을 극복할 수 있었다. 그리고 이 목적을 더욱 분명히 하기 위해 사람은 무엇 때문에 사는가에 대한 자기강화를 위한 장편소설 『행복에게 행복을 묻다』를 집필하였다. 이 소설에는 부모가 된 주인공의 자녀 사랑이 깊이 담겨 있다.

그 당시 나는 '나는 누구인가?'에 주목하고 에세이의 또 하나의 소주제를 '자기 알기'로 정하여 글을 썼다. 나를 제대로 알아야 인생을 잘 설계할 수 있기 때문이다. 한낱 자기가 살 집을 짓기 위해서도 설계를 하는데, 자신의 인생을 아무런 설계 없이 살아갈 수는 없는 노릇이다. 집을 짓는 사람이 가장 우선해야 할 것은 다름 아닌 토지의 상태를 알아보는 것이다. 그 집의 미래는 토지의 상태에 따라 좌우되기 때문이다. 최악의 경우로, 미국의 신문기사에 의하면 미국의 한 남자가 땅을 사서 집을 짓고 평안하게 살았는데, 어느 날 갑자기 잠을 자다가 땅이 푹 가라앉아서 집과 함께 천 길 땅속으로 떨어져서 생명을 잃었다고 한다. 조사결과 그 땅 밑에는 커다란 동굴이 있었다.

마찬가지로 자신이 누구인지를 알기 위해서는 자신의 근본을 알아야 한다. 단지 가문만이 아니라, 그 이전 태고 때부터 나는 어떻게 해서 존재할 수 있었는가 하는 물음에 대한 해답을 찾아가는 글쓰기를 통해 나는, 나의 정체성을 확고히 할 수 있었다. 공황장애와 우울증으로 자살하려다가 정신병원에 3년간 입원했었던 이수연 씨의 경우, 정신병원에서 유일하게 할 수 있었던 것은 일기를 쓰는 일이었다. 그녀는 약물 치료와 주치의 상담과 함께 일기 쓰기를 통하여 정신병이 완치되었다.[45]

이상행동을 일으키는 중증 정신병적 장애(정신병)와 달리 경증 정신질환인 청소년기의 지적·정신적 발달장애, 기분장애, 인지장애, 수면장애, 불안장애, 적응장애, 성격장애, 우울증, 신경증 등은 신경정신과

---

45) 다음, 2019. 3. 8., 1boon.dame.net 열정에 기름 붓기. 이수연의 일기쓰기 심리치료.

외래진료를 받으면서 약물 치료와 병행하여 자기주도 심리치료 글쓰기를 한다면 치료가 더욱 견고해질 것이다.

▶ 부록 1. 에세이 『위로와 희망』 참조(123쪽)

제12장

자기주도 심리치료
소설 쓰기 전략과 길라잡이

1. 자기주도 심리치료 소설 쓰기 전략

에세이 쓰기를 통해 자기주도 심리치료의 효과를 경험한 사람은 창작소설을 쓰기를 권한다. 먼저 소설을 쓰기 위해서 선행되어야 할 것은, 건전하고 의미 있는 단편소설을 몇 편 읽는 일이다. 창작소설이 주는 자기주도 심리치료의 효과는, 자신의 정신에 깊이 잠재되어 있던 무의식이 창작과정을 통해서 떠올라 의식화되기 때문이다.

논픽션인 에세이와 달리 픽션인 소설은 자신이 마음껏 새로운 경험을 만들어 갈 수 있고, 자신이 만든 소설 속의 캐릭터(등장인물들)를 통해서 자신의 심리를 마음껏 발산할 수 있다. 이 과정에서 자신의 잃어버린 과거의 기억으로 환경, 인물, 사건, 사물 등이 마치 주마등처럼 생생하게 기억이 나고, 많지는 않지만 일부분 이전에 전혀 생각하지 않았던 자신의 무의식 속에 잠재되어 있던 사랑, 미움, 기쁨, 슬픔, 욕구, 의지가 의식화되는 체험을 하게 되기도 한다. 이때 부정적인 내용들을 현재의 성숙한 자신의 이성과 사고를 통해서 바람직한 방향으로 창작을 진행해 나가면서 자신의 불안정한 심리와 마음의 상처를 치료할 수 있다.

일례로 '주인공이 기차를 타고 고향으로 돌아가는 장면을 글로 쓴다'고 가정해 보자.

기차를 타고 기차여행을 갔던 자신의 경험을 반추하여 글을 쓰면서 자신이 지난 세월 동안 일상생활에서 거의 생각하지 않았던 기차여행의 경험에 집중하게 되어, 그 집중의 결과 그 언젠가 기차여행에서 자신이 느꼈던 감정과 함께 환경, 인물, 사건 등을 떠올리게 된다. 만일 그날의 기억이 즐거웠던 기억이라면 문제가 안 되지만, 그날의 기억이 슬픈 기억이었다면 문제가 되기에, 현재의 성숙한 이성의 힘을 사용하여 그 슬픔에서 가치 있는 의미를 찾아 강화하게 된다. 지나간 것은 지나간 대로 의미가 있다.

한국에서 몇 년 전부터 붐을 일으킨 "긍정의 심리학"이 있다. 개인 심리학의 창시자인 아들러(Alfred W. Adler)의 경험은 글쓰기에 가장 좋은 모델이다. 아들러는 병약하게 태어나서 2년 동안 어머니의 과잉보호를 받았다. 훗날 그가 오글러(Orgler)에게 썼던 편지에 "동생이 태어난 후 어머니는 동생에게 전적으로 관심을 쏟아서 세자에서 폐위된 왕과 같은 심정이었다. 그래서 아버지에게 관심을 돌려 아버지의 총애하는 아이가 되었다."라고 기술하였다.

다섯 살이 되던 해 아들러는 학교에 입학하였다. 병약한 아들러는 학교생활에 잘 적응하지 못했고 성적도 좋지 않았기 때문에, 그는 열등감을 가지고 자랐다. 그 열등감은 그의 자존감을 약하게 만들었고, 자신감마저 떨어지게 하였다.

그 결과 그는 학교부적응으로 낙제의 위기에서 담임선생으로부터 구두수선공이 되는 것이 낫겠다며 중퇴를 권고받기까지 하였다. 하지만 아들러는 이에 굴하지 않고 "매사를 당연하다고 생각해서는 안 된다. 모든 일은 스스로 해결해야 한다"고 한 아버지의 말을 상기하고 마음가짐을 새롭게 하였다. 그는 다시는 그전의 못난 자신으로 살기를 거부하고 스스로 자신을 멋있는 사람으로 생각하기로 마음을 먹고 그렇게 행동하기 시작했다. 친구들을 따뜻하게 대하고 문제를 가진 다른 학생들을 돕는 일을 즐거워했다.

그러자 반 학생들은 병약하고 별 볼 일 없어 보이던 아들러가 멋지게 말하고 행동하는 것을 목격하게 되었다. 그들은 아마도 아들러에게는 자신들과 다른 멋진 무엇가가 있을 것이라고 생각하게 되어 점점 아들러의 친구가 되기 시작했다. 이제 아들러는 실제로 그 학교에서 공부도 잘하고 멋있는 학생이 되어 많은 친구들을 두게 되었고 성적도 향상되기 시작했다.

아들러는 창조적 자아를 제시하였는데, "인간은 열등감을 극복하기 위해 노력하게 되고, 스스로 자신에게 적합한 환경을 창조하고, 자신의 성격을 만들어 내는 창조적 능력이 있다"고 하였다. 또한 그는 "개인은 창조적 자아로 인생의 목표와 목표를 추구하는 방법도 결정하게 된다. 그리고 지각, 기억, 상상, 환상, 꿈에도 긍정적인 영향을 주어 자기 결정적 사람이 되게 한다"고 하였다.

훗날 프로이트의 제자가 된 아들러는 자신의 경험을 토대로 하여, "인간은 선천적으로 스스로 자신의 정신과 심리를 치료할 수 있는 능력을 가지고 태어났다"는 심리학을 주장하였다. 결국 그는 정신병 환자를 대상으로 정신병리의 원인을 밝히는 진단 중심의 연구를 하는 프로이트와 결별하고, 자신의 경험을 바탕으로 한 개인심리학을 학문화하여 개인 개성의 장점을 강화한 치료중심의 현대 심리학의 대가가 되었다.

자기주도 심리치료 글쓰기는 아들러처럼 자신의 자존감과 자신감을 향상시키는 과정이다. 글쓰기를 통해 선천적으로 가지고 태어난 자기심리 치료의 능력을 개발하고 강화하며 적용하는 행위이다. 정신분석학은 현대에 이르러 개인의 개별성을 존중하게 되었고, 심리치료사나 정신과 의사나 모두 내담자와 협력적 관계를 통해 치료를 진행한다.

나는 관계의 형성이 단지 상담가, 심리치료사, 정신과 의사와의 대면을 통해서만 가능하다고는 보지 않는다. 우리는 이미 독서를 통해 저자와의 관계를 통해서 독서치료를 경험하고 있으며, 일기 등 글쓰기를 통한 자신과의 올바른 관계를 통해서 심리치료를 하고 있다. 하지만 더욱 견고하고 효과적인 심리치료는 자기주도 심리치료 글쓰기가 유용하다.

앞에서 언급한 바와 같이 무의식을 의식화하고 그것을 바르게 내면화하는 과정은 자기주도 심리치료 글쓰기가 매우 효과적이다.

2. 자기주도 심리치료 소설 쓰기 길라잡이

자기주도 심리치료 소설 쓰기는 창작소설에 대한 이해와 열정을 가지고 시작해야 한다. 그리고 글을 쓸 때에는 시간과 장소에 대한 오감을 통한 감각을 익혀야 한다. 오감(시각, 청각, 미각, 후각, 촉각)을 동원하여 쓰고자 하는 대상을 묘사하여야 한다. 오감을 개발하고자 하는 사람은 낯선 곳으로 여행을 다녀 보기를 권한다. 오감은 낯선 곳을 여행할 때 본능적으로 열리고 개발된다.

다음으로 소설의 배경을 잘 선정해야 한다. 역사적 배경, 환경적 배경, 인물의 배경 등은 소설의 디테일한 사물을 설명하는 데 매우 효과적이다. 끝으로 장면마다 등장인물을 주변 상황에 맞게 효율적으로 배치하여 자신의 감정을 등장인물들을 통해 상호작용하는 느낌을 전달한다. 우리 인간은 누구나 다른 사람의 입장이 되어 느끼고 행동할 수 있는 능력을 가지고 태어났다.

아들러는 "감정이입은 인간의 보편적 감정이며, 이는 우주의 모든 것이 하나의 연속관계 속에 있다는 것을 말해 준다"고 하였다. 감정은 우리가 경험할 수 없는 사물들과 교감할 수 있는 능력까지도 우리에게 부여해 주기 때문이다.[46]

대상관계 이론은 정신분석학의 대가인 프로이트가 제안하고 자기심리학의 창시자인 코헛이 구체화한 것이다. 대상관계 이론의 핵심은 과거의 인간관계는 현재의 나의 인간관계에 영향을 미치고 있다는 것이다. 이것은 어릴 적 내재화된 타인에 대한 이미지와 타인과의 관계 이미지가 현실에 재현되고 반복되는 것을 의미한다.

픽션인 소설을 쓰는 것으로 어릴 적을 비롯한 과거에 내재화된 타인과의 이미지를 개선하고 건강하게 만들 수 있다.

우리의 인생은 유한하여 다른 세상만사를 다 경험할 수는 없다. 단지 감정이입을 통해 인물이나 자연만물에 감정이입을 하여 상태를 추측하고 이해한다. 나도 모르게 다른 사람이나 사물 안에 자신을 이입하여 타인의 감정적 상항과 자신의 감정적 상황이 완전히 일치될 때 타인의 감정이 곧 나의 감정이 되고, 나의 감정이 곧 타인의 감정이 되는 상태에 이르게 된다.[47]

이것은 마치 연극무대에서 다양한 역을 소화하는 배우가 느끼는 감정과 비슷하다. 자기주도 심리치료의 가능성이다. 당신이 소설의 줄거리를 구성하고, 그에 따른 적절한 등장인물을 만들어 장마다 배치한 다음 그 등장인물을 통해서 표현하고, 그들의 관계를 형성하면서 인연과 운명을 이해하고, 운명을 극복해 나가는 그들의 심정을 표현 또는 표출함을 통해서, 당신은 당신의 마음에 있는 상한 감정을 순화시킬 수 있을 뿐만 아니라 마음의 상처가 치료되는 체험을 하게 될 것이다.

---

46) 라영균 역(2009), 『인간이해』(원저자: Alfred Adler), 일빛.

47) 최낙환 외(2011), 「영화의 동감과 감정이입을 유발하는 캐릭터의 기능성 요인과 매력성 요인」, 한국산업경제학회, 『산업경제연구』, 제24권 제1호, p.118.

셰익스피어의 유명한 말처럼 "인생은 연극이다." 그런데 자기 인생 연극은 자신이 원하는 대로 만들 수가 없다. 하지만 자신이 쓰는 소설에서는 자신이 원하는 등장인물들을 마음대로 만들 수 있다. 소설을 창작하면서 나는 대상관계 심리학과 자기심리학을 적용하여 타인의 입장에 서서 타인의 감정과 행동을 이해할 수 있게 되었다.

나의 저서 중 출간된 소설은 장편소설 『행복에게 행복을 묻다』,[48] 중·단편소설 『노인과 여자』, 『고운 빛 유리알』[49]이다. 장편소설 『행복에게 행복을 묻다』에서 나는, 이 소설을 통해 이 소설을 읽는 독자들이 '사람은 무엇 때문에 살아갈 수 있는지?', '행복은 무엇인지?'에 대한 물음에 대해 길을 찾는 여정이 되길 바랐다.

소설의 배경은 일본제국주의의 종말로부터 시작하여 현대까지이고, 정서적 모토는 과거 세계에서 가장 못사는 나라였지만 이웃의 정이 돈독했던 그 시절을 그리워하며 한국 고유의 정(情) 문화 회복을 통한 인간존재의 가치의 표현이었다.

또한, 소설 속 다양한 인물들의 인생을 통해서 그들의 역경과 극복 그리고 모험, 사랑, 우정을 사실주의에 입각하여 여러 가지 근현대사의 실화를 소재로 하여 집필하였다.

나는 이 소설을 3년 동안 꾸준히 쓰면서 외로움을 극복할 수 있었다. 최종 마무리를 하던 해의 휴가철은 이 글을 쓰는 것으로 풍성한 휴가를 보낼 수 있었다. 고독한 외로움은 우울감을 만들고, 그 우울감이 지나치면 우울증이 된다. 그런데 도전하기는 쉽지 않지만 장편소설을 차근차근 쓰다 보면 우울감은 어느새 사라지고 즐거운 취미생활이 되어 행복해질 수 있다.

---

48) 최왕규(2015), 『행복에게 행복을 묻다』, 도서출판 한강.
49) 최왕규(2016), 『노인과 여자』, Bookk.

특히, 한국의 근현대사에 근거한 자연주의적, 사실주의 경향의 이 소설을 집필하기 위해서는 근거 자료의 확실성이 요구되었다. 그래서 나는 이 소설을 쓰면서 필수적으로 역사자료를 탐독하는 과정을 거치게 되었고, 이런 일련의 과정을 통해서 정서적·심리적 안정을 얻을 수 있었다. 역사 속에 실존했던 인물들의 파란만장한 삶을 읽으면서 사람 사는 것이 시대만 다르지 모두 대동소이하다는 것을 알 수 있었고, 그것은 내게 위로가 되어 내가 겪는 인생의 풍파가 나를 넘어뜨리지 못하게 막을 수 있었다.

책은 아니지만 요즘 인기리에 방영 중인 MBN 방송국의 <동치미>를 생각해 보면 쉽게 이해가 될 것이다. 다양한 분야에서 활동하고 있는 사람들이 패널로 나와서 자유롭게 토론하는 내용을 들어 보면 사람들이 사는 것이 다들 비슷하다. 방송을 보면서 우리는 나는 어떻게 지금의 문제를 슬기롭게 이겨 나갈 것인가에 대한 해답을 얻기도 하고, 예상되는 문제의 해결방안을 모색하기도 한다.

단편소설, 『고운 빛 유리알』은 프로이트의 정신분석학 관점에서 주인공이 자신을 파괴하는 타나토스(Thanatos)의 욕구를 거부하고, 에로스를 선택한 의미와 가치를 파악할 수 있었다. 내용을 요약하면 한국의 무한 경쟁 사회에서 지쳐 버린 한 남자가 모든 것을 뒤로한 채 무작정 떠난 인도네시아의 한 섬에서 우연히 만나게 된 한 여인으로 인해 벌어지는 이야기를 통해 세계화되고 급변하고 있는 현대사회에서 우리들이 회복해야 할 올바른 사랑에 대해 이야기하였다.

나는 이 소설을 일인칭 주인공 시점과 현재형으로 창작하였는데, 일인칭 주인공 시점은 자유롭게 자신의 심리묘사와 사건의 내적 분석 및 표현에 있어서 유익하다. 글 속에서의 나는 허구의 인물이지만, 독자는 나란 사람이 실제 경험한 글을 읽는 것 같은 친근함을 준다.

▶ 부록 2. 단편소설『고운 빛 유리알』참조(143쪽)

중편소설『노인과 여자』는 내가 대학 졸업 후 처음으로 입사한 대기업의 토목건설현장에서 근무할 당시의 경험을 바탕으로 쓴 소설이다. 등장인물은 나를 포함하여 그곳에 근무했던 다양한 사람들의 개성과 말을 각색하여 창작한 소설로, 프로이트가 정신분석학에서 제시한 도덕성과 리비도(libido)의 대립에서 자아의 조절과 비조절의 결과를 파악할 수 있었다. 즉, 20대 청년, 30대 여성 그리고 70대 노인의 성에 대한 욕구와 그들이 선택한 결과의 차이를 글로 표현하였다.

제13장

자기주도 심리치료 소설과
자기주도 심리치료 분석

나는 소설에 등장하는 인물들의 입장과 심리를 묘사하면서 과거의 상처받은 부정적인 관계를 긍정적인 방향으로 설정하여 묘사함으로써 심리치료를 경험할 수 있었다.

인류 역사상 인간의 심리를 최초로 분석한 사람인 프로이트는 학파를 이루었을 정도로 대단한 센세이션을 일으켰다. 그런데 빅터 프랭클은 그의 강연에서 프로이트 학설인 정신분석학은 일반인들 사이에 널리 퍼진 통념과는 달리 현대 심리치료, 즉 정신질환의 치료 중 한 학파에 불과하다고 자신의 견해를 피력하였다. 이것은 꼭 어떤 심리치료의 이론이 아닐지라도, 한 예로 프로이트의 오이디푸스 콤플렉스와 엘렉트라 콤플렉스 극복을 위해서는 다양한 긍정적인 심리치료를 종합적으로 적용함으로써 더욱 건강하고 든든한 마음의 건강을 만들어 낼 수 있다는 것이다. 그중 하나가 자기주도 심리치료 글쓰기이다.

다음은 소설 집필을 통해서 심리치료를 한 경험에 대해 간략하게 기술한 것이다.

나는 이 소설을 집필하면서 내가 평소에 일상이라고 간과했던 것들이 뒤돌아보니 가장 소중한 것이었다는 것을 깨닫고, 앞으로의 남은 인생에서 일상의 평온을 소중하게 여기리라 다짐하였다. 글쓰기는 마음의 상처를 치료하고, 인격을 수양할 수 있을 뿐만 아니라 자신의 인생을 수정·보완하여서 미래 지향적으로 새롭게 설계할 수 있으며, 그 설계대로 노력하면 현실로 이루어진다. 긍정적인 마음의 소망은 긍정적인 정신을 갖게 하고 긍정적인 마음과 정신은 긍정적인 행동을 낳게한다.

나아가 자신이 사용하지 않고 있던 숨겨진 능력을 발견하게 되고, 그 능력을 꾸준히 향상시키고 사용하면 이전과는 비교할 수 없는 행복한 삶을 영위하게 된다.

우리나라 속담에 '마음먹기 달렸다', '시작이 반이다', '세월이 약이다'라는 말이 있다. 이 속담들은 우리가 너무나 많이 들어서 평범하게 들리지만, 오랜 역사를 통해 수많은 사람들을 통해 검증된 진실이다. 우리 선조들은 험난한 역사의 수레바퀴가 무섭게 굴러가는 삶의 현장에서 이미 자기주도 심리치료를 하면서 살아왔던 것이다.

나는 이 소설을 통해 인간의 성과 물욕에 대해서 프로이트의 정신분석학적 관점과 아들러의 대상관계 이론을 관점으로 살펴보았다. 토목건설현장에 취업한 20대 가장이 도덕과 대립하는 성욕을 자아를 통해 자기조절을 하여 아내와의 결혼생활 유지라는 방어기제를 사용함으로써 그릇된 성의 유혹에 빠지지 않은 것을 분석할 수 있었다. 그러나 아내와 사별 후 혼자된 70세 노인이 토목건설현장에서 창고장이라는 직업이 있고, 아들 며느리와 함께 살고 있지만 언제나 성욕을 주체하지 못해 야한 농담을 입에 달고 살며, 성의 고독과 아들 부부로부터 소외되는 괴로움으로 좌절하게 되었을 때 성욕 해결을 위한 자기 파괴로 치달아 인생을 망치는 것을 분석할 수 있었다.

그리고 30대의 조선족 여자가 남편으로부터 중국에서 폭행에 시달리며 살다가 대한민국에 와서 인권과 자유를 맛보고 남편으로부터의 해방과 경제적 독립을 통한 삐뚤어진 사랑으로 남편을 살해하는 살인자로 전락하는 과정을 보며, 잘못된 사랑이 인간에게 미치는 해악이 얼마나 불행한 결과를 낳는지를 분석할 수 있었다.

나는 이 글을 쓰고 분석하면서 인간은 사랑하는 사람에게 배신을 당할 경우 자기 파괴라는 극단에 치우쳐 결국 자신을 망칠 수도 있다는 것을 알 수 있었고, 그릇된 성욕을 억제하기 위한 자기조절의 중요성을 새롭게 인식할 수 있었다.

따라서 올바른 사랑을 통한 성욕구의 해결만이 인간이 행복한 삶을 영위하는 데 있어 변하지 않는 불변의 진리임을 확인하고 건강한 자아를 강화할 수 있었다.

분석 3 | 행복에게 행복을 묻다

이 소설 속 첫 장에 등장하는 큰 집의 주인은 내가 어릴 적 살았던 산동네 영감이다. 그 당시 나의 아버지는 실제로 그 영감에게 돈을 빌렸었는데, 빌려준 돈을 받으러 온 영감에게 술상을 차려드리면서 좀 더 기다려 달라고 간곡히 부탁을 하였다.

나는 아버지의 그 모습을 보면서 마음이 안타까웠는데, 오랜 세월이 지나도 언제나 그날의 우울한 감정이 남아 있었다. 그래서 소설 속 큰 집 주인과 그 영감처럼 훗날 부자가 된 주인공 왕성이 돈 욕심으로 몰락하게 되는 과정을 쓰면서, '돈이 행복을 가져다주는 것은 아니다'라는 보편적 진리를 다시금 강화할 수 있었다.

한편 소설 속에 아이들이 매미를 잡다가 우연히 잡게 된 벙어리매미를 하늘 높이 날려 보내는 내용이 나온다. 이 내용은 실제로 어릴 적 우리 집 옆방에 살고 있던 소아마비와 벙어리 자매와 관련된 이야기이다.

나는 그 집의 소아마비 언니가 나를 좋아할까 봐 왠지 겁이 났다. 왜 그런 생각을 했는지 모르겠지만 그런 불안감에 나는 그 두 자매를 무뚝뚝하고 무관심하게 대했는데, 내가 성인이 되어 목사가 된 후 그 시절을 생각하면 항상 미안한 마음이 있었다.

그런데 그녀들 중의 소아마비 언니가 결혼을 하고 얼마 안 돼서 우리 집으로 전화를 했었다. 그녀는 내가 목사가 된 것을 축하하면서 지난 세월 내가 자신에게 준 상처가 마음에 남아 있었는데, 이제 내가 목사가 되었으니 따뜻한 사람이 되어 하나님 일을 잘하기 바란다고 말했다.

나는 벙어리매미를 잡은 아이들의 글을 쓸 때 그 두 자매가 기억 속에서 떠올랐다. 나는 그 자매들의 아팠던 마음을 영우가 잡은 벙어리매미를 보는 하나꼬의 심정으로 표현하였고, 벙어리매미를 푸른 하늘 높이 날려 보내는 아이들의 맑은 마음을 글로 쓰면서 그녀의 말처럼 따뜻한 마음으로 상처받은 사람들을 도우며 살아가리라 다짐하였다.

자기주도 심리치료 소설 쓰기는 부정적 대상관계만이 아니라 인간 내면에 있는 실존에 대해 사려 깊게 생각해 볼 수 있고 죽음에 대한 불안감을 해소할 수도 있다. 나는 소설에서 영우 엄마의 죽음에 대한 부분을 쓰다가 죽음에 대해 깊이 생각할 수 있었다.

그리고 소설에 등장하는 다양한 인물들의 인간관계를 묘사하면서 대상관계 차원에서의 바람직한 관계를 정립할 수 있었다. 일례로 나는 토목건설현장에서 근무할 때 한 인부가 소설 『하얀 기억 속의 너』의 주인공처럼 집을 나간 아내를 찾아 공사장을 전전하며 찾아 헤매고 다닌 것을 소설에 인용하면서 주인공의 사랑과 집착에 대해 생각하는 심리묘사를 통해서 집착에 대한 경각심을 가졌다.

친구관계와 부모자녀관계뿐만 아니라 부부관계, 이성관계, 노부모와 성인자녀관계 등 자기주도 심리치료 소설 쓰기는 소설에 등장할 수 있는 다양한 인물들의 심리묘사를 통해 서로의 입장을 파악할 수 있기에 마음의 상처를 치료하는 데 유익하였다. 나아가 인간관계뿐만 아니라 인간이 살아가면서 필연적으로 소속하게 되는 생태학적 환경에 대한 정립을 할 수 있었다.

소설 속 주인공인 왕성과 하나꼬의 관계를 통해서 한국과 일본의 관계회복의 가치를 전망하였고, 왕성과 영애의 관계를 통해서 남북한의 통일의 가치를, 왕성과 미링 어머니의 관계회복을 통해 한국과 베트남의 관계회복의 가치를 조명하였다. 무엇보다 북한에 납치되었다가 남파 공작원으로 남으로 내려온 영우와 왕성의 갈등과 관계회복을 통해 한 나라의 국민으로서의 반목이 아닌 화평의 가치를 조명할 수 있었다.

제14장

자기주도 심리치료
여행기 쓰기 전략과 길라잡이

여행은 일상의 생활에서 벗어나서 익숙하지 않은 낯선 곳을 찾아 떠나는 것이다. 여행의 기쁨은 어릴 적 첫 소풍 갈 때의 설렘의 연장이라고 할 수 있다. 그래서 여행을 준비하면서부터 여행의 설렘은 시작되고, 여행지에 도착해서 접하게 되는 낯선 풍경과 낯선 사람들 그리고 다양한 문화 등을 오감으로 받아들이는 기쁨을 갖게 된다. 이때 우리의 몸에서는 엔도르핀과 다이돌핀이 생성되는 체험을 하게 된다. 그래서 참된 여행의 맛을 알게 된 사람들은 여행이 주는 기쁨을 오래도록 간직하기 위해 여행기를 집필하는 경우가 있다.

여행기를 쓰는 것은 또 하나의 여행의 즐거움이다. 여행기는 사전적 의미로 "여행하면서 보고, 듣고, 느끼고, 겪은 것들을 수필, 일기, 편지 등의 형식을 빌려서 쓴 글"이다.[50] 역사에 남는 여행기로는 마르코 폴로(Marco Polo, 1254~1324)의 동방견문록, 앙드레 지드(Andre Gide, 1869~1951)의 콩고기행, 박지원의 열하일기, 정철의 관동별곡 등이 있다.

마르코 폴로의 동방견문록은 이탈리아의 마르코 폴로가 1271년부터 1295년까지 25년 동안 중앙아시아를 거쳐 중국에 도착, 17년간 원나라에 머물다가 수마트라, 스리랑카, 인도 등을 거쳐 귀국한 후 그동

---

50) 다음 한국어 사전.

안 그가 보고 느낀 것을 구술에 의해 기록한 여행기이다. 이 동방견문록은 콜럼버스(Christopher Columbus)의 신대륙 발견에 결정적 역할을 했다. 1947년 노벨문학상을 수상한 앙드레 지드의 콩고기행은 1927년 아프리카 콩고에서 그가 목격한 냉혹한 식민정책을 규탄하는 여행기이다.

여행기 작성의 일반적인 형식은 여행의 일정과 서론, 본론, 결론의 형식에 맞춰 순서대로 적는 것이다. 서론은 여행을 떠나게 된 동기나 목적을 쓰고, 본론은 여행의 과정을 쓴다. 끝으로 결론은 여행에 대한 전체적인 느낌과 희망을 쓰면서 마무리한다. 여행기는 대체적으로 여행을 다녀와서 쓰는 글이지만, 그날의 생생함을 표현할 수 있게 문체는 현재형으로 쓰는 것이 좋다.

다음으로 여행기는 형식에 얽매이지 않고 창의적인 방법으로 써야 한다. 먼저 너무 형식에 맞추어서 일정별 순서대로 나열한 자세한 묘사를 피하는 것이 좋다. 어느 여행기나 보편적으로 구성한 이 같은 묘사는 재미없고 밋밋할 수 있다. 자기주도 심리치료 글쓰기 방법으로도 적합하지 않다. 여행의 즐거움을 만끽하고 그 아름다운 기억들을 내면에 강화시키기 위해서는 여행 중 가장 인상에 남았던 기억들을 모아서 글을 쓰고, 그것에 대한 긍정적인 사고로 의미를 찾아서 써라.

나의 경우 파리 몽마르트르 언덕에서 보았던 세 개의 봉을 돌리던 흑인 남자의 눈물이 어린 눈, 파리의 호텔 복도에서 본 검정 드레스에 하얀 앞치마를 걸친 흑인 여자 청소부들의 모습에서, 영국의 길 위의 매점에서 물건을 팔던 미남 배우 같았던 백인 남자의 모습에서, 인도 중부 바닷가 해변 마을의 가난한 어부 부부의 모습에서, 나는 세계 어느 나라나 가난한 삶을 이어 가는 사람들이 있다는 것을 목격하고, 그들의 심정을 글로 헤아려 보며 삶의 끈기와 인내를 생각할 수 있었다.

또한, 파리 센강 유람선 안에서 본 미국인 남녀들이 즐겁게 대화를 나누며 웃던 모습, 인도의 뭄바이 식당에서 옆 테이블에 앉아 있던 이탈이아 연인들이 즐겁게 대화하던 모습과 특유의 입담, 파리 몽마르트르 언덕길 아래에서 잠시 대화를 나누었던 프랑스 여인이 내게 손을 흔들며 인사하던 모습, 이스라엘에서 야드 시모나 유대인 크리스천 공동체 리더인 여인이 그들 모임에 나를 강사로 초청할 때 아름답게 빛이 났던 그녀의 금발과 눈 등 많은 즐거운 기억들을 글로 적어 책으로 출간했다.

여행 중의 즐거운 기억들을 오래도록 잊어버리지 않기 위해서는 기억하고 싶은 장면들을 사진 찍어서 보관하는 것과 메모를 하여 그날의 느낌과 생각을 적어 놓는 것이 필요하다.

여행기 집필은 해외여행을 다녀온 경우에는 여독이 있기 때문에 곧바로 글을 쓰는 것은 좋지 않다. 그 이유는 여행 중에 겪었던 안 좋은 스트레스가 남아 있기 때문에 내재된 좋았던 여행의 감성을 글로 적어내기에 적절하지 않기 때문이다. 여행 후 집으로 돌아와서는 일정 시간 동안은 여행하면서 궁금했던 장소 또는 그 나라의 역사와 문화, 국민성 등을 인터넷이나 책을 통해 찾아보면서 궁금증을 해소하고 지식을 쌓는 것이 여행기를 쓸 때 유익하다.

그리고 일정 기간이 지나면 여행하면서 고생했던 몸의 긴장과 스트레스가 사라지고 좋았던 기분과 기억들이 새록새록 생각나기 시작할 그 시점에 시작하여 보관한 사진과 메모 그리고 검색하여 모아 둔 자료들을 활용하면서 글을 쓰면 만족할 만한 여행기를 쓰게 될 것이다.

제15장

자기주도 심리치료 여행기와
자기주도 심리치료 분석

우리나라는 광복 이후 1980년대까지 순수한 목적의 해외여행 여권
은 전혀 발급하지 않았었다. 그 후 정부는 '86 아시안 게임과 '88 서
울올림픽을 유치하면서 점차 해외여행 자유화에 대한 검토를 시작했
었다. 전 국민이 해외여행을 자유롭게 하게 된 시기는'88 서울올림픽
이 끝난 이듬해인 1989년 1월 1일부터였다.

나의 첫 해외여행은 29세가 되던 해 여름, 필리핀이었다. 지인의 초
대를 받고 내가 소속되어 봉사하던 NGO 봉사단체의 팀원 9명의 인
솔자가 되어 22일간의 일정으로 마닐라와 민다나오주의 다바오와 필
리핀 최남단의 제너럴 산토스를 여행했다. 나는 필리핀의 수도와 지방
도시를 비롯하여 산속 마을과 해안가 등을 다니며 봉사활동을 통해 필
리핀 사람들과 교류하면서, 그 나라의 문화를 체험하였다.

그리고 1년 후 한 번 더 22일간의 일정으로 1차 때 팀원이 아닌 다
른 팀원들 9명과 함께 다시 한번 필리핀의 수도 마닐라를 비롯하여 바
기오, 민도로에 위치한 마약사범 수용소와 병원, 교도소를 다니며 현
지 봉사자들과 함께 연합하여 자원봉사를 하였다.

첫 번째 필리핀 여행에서 기억에 남는 것들 중 하나가 회교 반정부
군이 장악하고 있는 제너럴 산토스의 산마을에 갔을 때 M16 소총으
로 무장한 반군을 만나서 웃으면서 악수를 나눈 일인데, 웃지 않으면

위험할 수 있다는 현지인의 말을 잘 따른 것이었다.

두 번째 필리핀 여행에서는 마약중독자 수용소에서 상담소 실장과의 대화 중 그녀의 아버지가 6.25 전쟁 때 참전용사였다는 말을 들었다. 나는 그녀에게 아버지에게 너무나 감사하다고 전해 달라고 말했다. 내 말을 듣고 그녀는 감격스러운 표정으로 기뻐하였다.

그 후 필리핀을 시작으로 이스라엘, 인도, 일본, 싱가포르, 인도네시아, 말레이시아, 대만, 중국, 홍콩, 마카오, 프랑스, 스위스, 이탈리아, 영국, 캐나다 등 세계 15개국을 여행한 경험은 내가 글을 쓰는 데 많은 도움이 된다.

본 장에서는 그동안의 해외여행 중 기억에 남는 것들을 간략하게 조금 더 소개하겠다.

32세가 되던 해 여름, 12일간의 일정으로 이스라엘에 도착해서 이스라엘 전역과 팔레스타인 가자지구를 여행하였다. 팔레스타인 임시 자치정부가 있는 가자지구로 들어갈 때 국경검문소에서는 무장한 이스라엘 군인들이 검문을 하였다. 무사히 가자지구로 들어가서 차에서 내려 길을 걸어가면서 둘러보니 이스라엘과 확연히 다른 빈부격차의 모습에 놀랐다. 어느 길가의 허름한 목조건물 외벽에 붙어 있는 팔레스타인 자치정부 수반 아라파트의 커다란 사진을 보고, 이곳이 세계의 화약고라고 불리는 팔레스타인 지역이라는 것이 실감이 났다. 택시로 갈아타고 도심 사거리로 들어가서 국악공연을 할 때에는 한낮임에도 불구하고 어디서 모여들었는지 한 번에 수많은 인파가 거리를 메워, 교통경찰이 급히 달려와서 우리를 도심 중심가 사거리에서 조금 벗어난 거리로 안내할 정도였다.

반면, 이스라엘 예루살렘에 있는 재래시장 앞 야외 공연장에서 공연을 할 때에는 인파가 많이 모이지는 않았다. 대신 경찰차 3대가 사이렌을 울리며 달려와서 우리가 무슨 공연을 하는지 질문을 하였다. 당시 한복을 입고 국악에 맞춰 부채춤 공연을 하던 우리는 이스라엘 방문을 기념하여 코리아의 전통문화를 알리는 코리아 페스티벌 중이라고 말했다. 그러자 그들은 공연을 허가해 준 후, 우리가 공연을 마칠 때까지 그곳을 떠나지 않고 있었다. 공연 후 나는 주변에서 M16 소총을 힘겹게 들고 경계근무를 서고 있는 20대 초반으로 보이는 여군과 인사를 나누며 경찰인지 아니면 군인인지를 물었다. 나의 질문에 그녀는 자신이 군인이라고 했다.

호텔로 가는 차 안에서 나는 현지에 살고 있는 지인을 통해서 이스라엘에서는 많은 인파가 모이는 곳은 항상 테러에 대비하여 경찰들의 경계가 있다는 것과 이스라엘은 성인이 되면 여자도 군에 입대하여 나라를 위해 의무복무를 해야 한다는 사실을 알게 되었다. 2년 후 나는 TV 뉴스를 통해서 우리가 공연했던 그 장소에서 팔레스타인 PLO가 설치한 폭발물 테러가 발생하여 여러 사람의 이스라엘 국민이 인명피해를 입은 것을 알 수 있었다. 나는 이스라엘 여행을 통해서 세계의 평화에 대한 인식을 새롭게 하는 계기가 되었다.

40대 후반에 이르러 일본 여행을 다녀온 다음 해 나는 인도에 유학 중인 친구의 초청을 받아 10일간의 일정으로 인도 여행을 떠났다. 여행 일정은 무굴제국의 유산이 남아 있는 인도 중부도시 하이데라바드와 해안 도시 오리사였다. 공항 착륙 직전 비행기에서 내려다본 공항 주변은 여러 빈민촌들이 죽 늘어서 있는 빈곤한 나라였다. 하지만 인도의 부자들의 수가 5천만 명으로 한국의 인구수만큼이라는 사실을 알고 난 후부터 인도를 다시 보게 되었다.

하이데라바드에서 24시간을 끊임없이 내달리는 열차를 타고 나는 친구와 함께 인도의 해안 도시 오리사주로 향했다. 기차 안에서 앞좌석에 앉은 사람은 인도인 의사로 불가촉천민 출신이었다. 인도 정부가 카스트제도를 없애기 위한 일환으로 불가촉천민 학생들 중에서 성적이 우수한 학생들을 선발할 때 장학금을 지원받아 공부를 마치고 의사가 된 사람이었다. 그는 털털한 성격에 인상 좋은 아저씨 스타일로 우리와 대화를 나누었고, 점심시간이 되자 가방에서 도시락을 꺼내서 먹었다. 우리도 친구의 아내가 싸 준 도시락을 꺼내서 맛있게 먹었다. 그리고 기차 안에서 젊은 남자가 통로를 지나가며 짜이짜이를 외쳐서 그 음료를 사서 마셨다. 짜이는 물에 우유를 넣어 섞어서 끓인 후 홍차와 설탕을 진하게 넣어서 만든 인도인들이 즐겨 마시는 차인데, 맛이 달콤해서 무더운 날씨에 피로 회복제가 되어 좋았다. 밤이 되어 앉았던 자리 위에 놓인 일인용 침대를 펴서 잠을 청했다. "덜커덩덜커덩"하면서 인도 대륙을 횡단하는 열차에서 잠을 자고 일어나니 어느새 아침이었다.

오리사에 도착한 후 우리는 친구의 지인의 차로 마을의 재래시장을 지나 해안 마을로 가다가 보니 갈대로 만든 집들이 해안가 곳곳에 서 있었다. 친구에게 갈대로 집을 짓고 사는 이유를 물어보니, 이 지역은 태풍이 자주 부는 곳이라 한번 태풍이 불면 웬만한 나무 집들은 무너지거나 날아가 버리기 일쑤여서 매번 공사하기가 힘에 겨운 사람들이 고육지책으로 태풍으로 집이 무너지거나 날아가도 적은 비용으로 쉽게 다시 지을 수 있는 갈대 집을 짓는다고 말해 주었다.

갈대 집 마을에 친구와 함께 들어서자 어린아이들이 우리에게 '우르르' 몰려와서 웃고 떠들며 말을 걸어왔다. 나는 그 아이들을 데리고 동네 구멍가게에 가서 사탕과 과자를 사서 나눠 주었다. 허름한 옷을 입고 웃고 떠드는 아이들을 보니, 나의 어린 시절 모습이 생각났기 때문이었다.

해안으로 가는 골목길에서 한 부부가 집 마당에서 다정한 모습으로 그물을 깁고 있었다. 처음 보는 인도 어부가 이국적으로 보여서 그에게 다가가 인사를 나누고 함께 사진을 찍자고 청했다. 그러자 그 어부가 자기 옆에 앉으라고 하여 앉았더니 힘차게 어깨동무를 하고 사진을 찍었다. 험한 파도와 싸우며 생업에 종사하는 바다 사나이의 활기찬 면모를 볼 수 있었다.

　그들과 헤어져서 바닷가로 걸어가 보니 눈앞에 정말 멋진 풍경이 펼쳐져 있었다. 눈이 시리도록 아름다운 바다가 한없이 펼쳐져 있었다. 옆에서 친구가 이 바다가 동아프리카까지 이어지는 인도양이라고 알려 주었다.

〈인도 어부 가족과의 기념사진〉

먼 이국에 와서 이국적이고 새파란 인도양을 보는 사이 어느새 한국에서 쌓인 스트레스가 씻은 듯이 해풍과 함께 멀리 날아가 버렸다. 그리고 때마침 해안으로 들어온 두 척의 소형 어선을 보니, 먼 바다까지 나가 잡은 크고 싱싱한 참치들을 어부들이 웃통을 벗은 채로 어깨에 메고 열심히 나르고 있었다. 햇볕에 붉게 그을린 그들의 얼굴 위로 흐르는 땀방울은 노동의 신성함을 내게 알려 주는 것 같았다.

친구를 따라 갓 잡아 온 고기를 파는 어시장으로 갔다. 그리 크지 않은 어시장에는 인도 아낙네 둘이 생선을 사기 위해 흥정을 하고 있었다. 인도 여인들은 대부분 미녀라고 하는 데 동의하지 않을 수 없는 것이, 웬만한 여배우들보다 이목구비가 뚜렷한 미모의 여성들이 많았기 때문이다. 그날 어시장에서 본 아낙네들은 남루한 옷차림에 비해 미모가 뛰어났다.

우리는 우리나라에서 본 먹갈치보다 두 배는 더 큰 대형 갈치를 여러 마리 사서 숙소로 돌아왔다. 비행기를 타고 하이데라바드로 돌아온 다음 날 아침 친구의 아내가 그날 사온 갈치를 요리해서 아침상에 올렸다. 한 입 먹어 보니 그 맛이 너무 좋았다. 인도양의 바다 냄새가 입 안 가득 퍼지는 듯했다.

열흘간의 여행을 마치고 집으로 돌아올 때, 경유지인 뭄바이 공항으로 가는 비행기 안에서 나는 인도의 잡지를 읽고 있었다. 그때 옆 좌석에 앉은 회사원으로 보이는 30대 초반의 인도 남자가 잡지에 실린 LG 핸드폰을 가리키며, 자기 핸드폰과 같다고 말하면서 자신의 핸드폰을 보여 주었다. 그리고 그는 LG 핸드폰이 성능이 매우 좋다고 말했다. 나는 그의 말에 기분이 좋아서 인도도 IT 산업이 매우 우수하다고 하며 덕담을 하였다.

세계적인 기업을 많이 소유한 국가의 위상은 국민을 행복하게 한다.

2011년 5월 프랑스 파리에서 본 베르사유 궁전과 루브르 박물관은 매우 화려하였고, 아름다운 예술 작품들이 즐비하게 전시되어 있었다. 베르사유 궁전 앞 정원은 말이 달릴 수 있는 길을 내고 그 주변은 울창한 숲으로 이루어져 있었다. 길거리에서 보았던 파리지엔들의 모습은 패션모델 같았다. 그런데 샹젤리제 거리를 오고 가는 사람들 중에는 청바지를 입은 사람들이 많이 보였다. 이탈리아와 영국에서도 마찬가지였다. 그 모습을 보면서 나는 한국인들의 패션은 세계에서 가장 우수하지 않을까 하는 생각을 하였다.

스위스에서 알프스 산으로 올라가는 톱니바퀴 기차에서 본 알프스 산은 아름다운 경치를 한껏 뽐내고 있었다. 내가 어릴 적 만화영화에서 보았던 알프스의 하이디는 보이지 않았지만 알프스 산 여러 곳에 피어 있는 이름 모를 예쁜 들꽃들이 나를 반겨 주었다. 안타까운 것은 사회보장 제도가 잘되어 있어 사람들이 걱정거리 없이 살기 좋은 나라인 줄 알았는데 스위스 국민들 중 많은 인구가 우울증으로 고생한다는 말을 듣고, 편안하고 안락한 삶만이 인간에게 유익한 것은 아니라는 생각을 하게 되었다.

이탈리아에서는 <로마의 휴일>에 나오는 스페인 계단과 트레비 분수가 가장 인상에 남았다. 이탈리아 기사가 운전하는 관광용 승합차를 타고 <로마의 휴일>을 촬영한 스페인 계단으로 갈 때 저녁노을 속으로 달이 보였다. 그 달은 우리나라에서 대보름날 보았던 보름달보다 다섯 배는 커 보여 둥근달이 앞창 위로 다가오는 것 같았다. 너무 아름다웠던 이국적인 달의 모습을 나는 넋을 놓고 바라보았다. 반도 국가인 이탈리아는 지리적 환경과 사람들의 기질이 우리나라 환경과 사람들과 비슷하다는 느낌을 받았다.

오드리 헵번과 그레고리 펙이 나오는 영화 <로마의 휴일>에서는 그들이 처음 만난 스페인 계단에 들어섰을 때, 그곳의 가로등과 건물에서 나오는 야경이 마을 전체를 은은하고 화려하게 비추고 있었다. 우리가 차에서 내려 야경 속으로 들어갈 때는 마치 동화 속 나라로 들어가는 듯한 착각이 들 정로로 신비롭고 아름다웠다. 차가 다니는 광장은 벽돌이 깔려 있는데, 2천 년 전의 로마의 마차도로를 유지하고 있었다. 이 도로가 동로마제국과 중앙아시아로 가는 출발 길이었다고 생각하니, 로마제국 시절 이 길을 달리던 마차 소리가 들려오는 듯했다.

나는 자유시간에 이탈리아 프라다 본점 앞에서 독사진을 찍고 검은색 선글라스를 쓰고 길을 걷다가 내 앞으로 마주 오던 두 명의 젊은 이탈리아 여성들로부터 어디에선가 들어 본 듯한 "오~ 케 벨로"라는 말을 들었다. 잠시 그녀들이 내게 뭐라고 말했나 생각해 보니 현지 가이드가 자유시간 전 우리 일행들에게 이탈리아어로 "케 벨로"라는 말은 '여자는 이쁘다, 남자는 멋있다'는 단어인데, 이태리에서는 상대를 칭찬하는 말로 많이 쓰이고 있으니 혹시 이태리 사람과 대화할 기회가 생기면 "케 벨로"라는 말을 해 주면 그 사람이 무척 좋아할 것이라고 한 말이 생각이 났다. 나는 이태리 사람들에게 이 말을 하기 전에 이태리 여성들로부터 이 말을 듣게 된 것으로 기분이 좋아서 일행들에게 자랑을 하였다.

그런데 반응은 썰렁~~.

영국에서 인상적이었던 것은 영국인들의 명랑함과 친절함이었다. 왜 세계 사람들이 영국을 신사의 나라로 일컫는지 알 수 있었다. 일례로 아침에 일어나서 아침식사를 하기 위해 호텔식당으로 가는 엘리베이터를 탔을 때 만났던 영국인들은 유쾌하게 "굿모닝"이라고 하며 아침 인사를 건네 왔다. 식당 안에 들어섰을 때도 영국인들은 저마다 보는 사람들에게 "굿모닝", "굿모닝" 하며 인사를 나누었다. 삶의 여유와 함께 친절이 몸에 배어 있는 사람들이었다.

2015년 싱가포르 여행 시 둘째 날, 나는 호텔 앞에 있는 역 주변에 가서 싱가포르 사람들의 출근하는 모습을 살펴보았다. 그들의 출근하는 모습은 표정과 걸음걸이에 자신감이 있고, 남녀 모두 활기가 넘쳐났다. 아시아의 개발도상국들 중에서 가장 먼저 오래전에 선진국이 된 싱가포르의 저력을 볼 수 있었다.

싱가포르에서 인도네시아 바탐섬으로 가는 배에 승선하였을 때 TV 화면에 반가운 장면이 연출되었는데, 한국 드라마가 방송되고 있었다. 인도네시아로 향하는 배 안에서 한류의 영향력을 볼 수 있었다. 배에서 내려 관광차를 타고 식당으로 이동할 때 보니 도로가 비포장도로인 흙길이었다. 저녁식사를 하기 위해 들른 한인 식당은 숲속에 자리 잡고 있었다. 울창한 나무가 둘러 있는 테라스에 앉아 탁자 위에 올라온 꽃게찜을 먹었는데, 달면서도 매운맛이 입안 가득 느껴지는 것이 너무 맛깔스러웠다.

식사를 하고 다시 차에 오르니 인도네시아 현지 가이드가 유창한 한국말로 인사를 하면서 우리를 반겼다. 그의 이름은 자칭 '롱다리'였는데, 키가 커서 붙여진 별칭이라고 하였다. 마이크를 잡은 롱다리 가이드는 바탐섬에 대해 안내하다가 그 지역 정치인들이 선거 전과 후가 다르고 많은 부패를 저지른다고 토로하면서, "인도네시아는 그런 정치인들 때문에 정말 살기 힘들어요"라고 자기의 심정을 말했다. 그의 말을 듣고 나는 '어느 나라든지 정치인들이 정치를 잘해야 국민이 살기 좋은 나라가 될 수 있다'는 평범한 진리를 다시금 되새기게 되었다.

2016년 5월, 캐나다로 8일간의 여행을 떠났다. 떠나기 전 50대 초반이 되어 예전에 20~30대 때와 달리 12시간 동안 비좁은 이코노미석에 탑승하여 캐나다 여행을 가는 것은 나로 하여금 조금은 주저하게 만들었다. 그러나 한 번도 가 보지 않은 아메리카로 가는 여행은 내 마음을 설레게 하기에 충분하였다. 캐나다의 서부와 동부를 여행하면서 기억에 남은 것은 거대한 로키 산과 빙하가 녹아든 파란색의 강물, 다문화국가답게 가는 곳마다 여러 인종들이 편안하게 자기들의 삶을 영위하며 사는 모습이었다.

그리고 학력, 인맥이 아닌 개인의 능력을 중시하여 능력이 있다면 누구나 열심히 살면서 성공의 계단을 꾸준히 올라갈 수 있는 나라였다. 특히, 나는 밴프국립공원에서 이 나라의 오염되지 않은 울창한 숲과 청량한 공기가 너무나 부러웠다. 과거 우리나라의 숲속에서 맡았던 그 청량한 공기가 이곳에 있었다. 자연보호와 환경보호에 더욱 관심을 가지고 참여하겠다는 다짐을 하였다. 그리고 캐나다는 저녁이 되면 야외에서는 일절 술을 마실 수 없게 법으로 금지되어 있고, 어길 시에는 벌금을 물어야 한다고 한다. 캐나다 여행을 가는 여행자들 중에 애주가들은 꼭 알아야 할 내용이다.

한편, 캐나다의 어두운 면은 대도시 길가나 공원에서 노숙자를 쉽게 볼 수 있다는 것이다. 그들은 인디안의 후손으로 혼혈인 사람도 있다. 캐나다 정부는 인디안 후손들에게 그들이 보호구역 안에 거주하는 조건으로 평생을 먹고살 수 있는 급여를 제공하고 있지만, 그들 중에는 자유롭게 살기를 원하여 급여를 거부하고 대부분 노숙자로 떠돌거나 아니면 수공예 노점을 하면서 살고 있다고 한다. 나는 그들을 보면서 캐나다 사회보장 제도의 한계점을 알 수 있었다.

해외여행을 하면서 내가 전반적으로 인지한 것은 여행자는 상호 국가 간의 이해관계를 떠나 그 나라 사람들과 얼마든지 편하게 대화를 나눌 수 있다는 것과 여행의 추억은 여행자의 기억에 항상 존재한다는 것, 그리고 추억은 글쓰기에 있어서 좋은 소재가 된다는 것이다. 물론 나는 불친절한 사람들로 인해 기분이 상하는 경험도 하였다. 내 경험에 비춰 볼 때 그런 사람들 대부분은 여행자들이 많이 모이는 관광지 주변 상점의 점원일 경우가 많았다. 그들은 여행자들을 항상 보아 왔고 그들을 대상으로 물건을 판매하기 때문에 사장이 아닌 한 불친절한 경우가 종종 있다. 반면, 여행자들을 쉽게 볼 수 없는 지방도시는 여행자들에게 대체적으로 친절하였다. 하지만, 택시 기사와 상점 점원, 비자 발급 담당 공무원들은 불친절한 경우가 있었다.

한 예로, 홍콩에서 심천으로 가기 위해서는 중국비자를 받아야 하기에 홍콩의 마지막 역인 로후역 중국비자발급센터를 방문하여 비자신청서를 창구에 제출했을 때 중국 여성 공무원이 창구 앞 선반에 손을 올려놓았다고 화를 내면서 내리라고 하였다. 나는 순간, 좋은 말로 해도 될 것을 고압적으로 말하는 것에 대해 이해가 되지 않아서 화가 났지만 바로 응해 주었다. 하지만 비자를 받고 난 후 나는 화가 풀리지 않아 그녀에게 항의를 할 것인가, 그냥 참고 갈 것인가 고민하며 벤치에 앉아 있었다.

그런데 한 아랍인 중년 남자가 들어와서 비자를 신청할 때 그녀는 그에게 창구 뒤로 물러나라고 고압적으로 소리를 쳤다. 그는 비자를 받고 나서 얼굴을 붉히며 큰 목소리로 화를 냈다. 그녀의 언행이 열등감인지 아니면 중화민족의 어리석은 우월감인지 수준 이하의 언행에 화가 났지만, 내 대신 혼을 내준 사람이 있었고, 여행자는 여행의 기분을 망치지 않기 위해서는 웬만한 일은 잘 참아야 한다는 생각을 가지고 심천행 열차를 타기 위해 그 자리를 떠났다.

그리고 중국과 일본에서 여행을 하면서 젊은이들과 내 나이 정도의 중년층과는 달리 65세 이상의 노년층은 한국인에게 불친절하다는 느낌을 가졌다. 그들은 자신들이 보아 왔던 과거 가난했던 한국과 달리 현재 한국의 비약적인 발전이 못내 배 아픈 것 같았다.

이토록 여행을 하다 보면 각 나라의 국민성과 세상을 보는 안목을 엿볼 수가 있다. 그것을 한편의 여행기로 만들어 놓으면 평생을 통해 그날의 기쁨을 만끽할 수 있다.

현재 나는 파리와 이탈리아를 배경으로 "파리 앤 블루"라는 주제로 소설을 쓰고 있다. 내가 파리와 이탈리아를 다녀오지 않았다면 엄두도 못 낼 주제이다. 소설뿐만 아니라 여행기를 쓰면서도 나는 신선한 감정을 가지게 된다. 여행 중 가졌던 감정이 되살아나서 지난 과거의 상처를 치료하는 치료제가 되기도 하고, 각박한 사회생활에 지친 나에게 활력소가 되기도 한다. 또한, 모든 글이 그렇듯이 여행기를 쓰면서도 저자의 인생관과 철학을 점검하고 반영하기 때문에 자신의 자아를 건강하게 유지할 수 있다.

하지만 해외여행 중 누군가는 불안과 공포감으로 고통스러운 여행이 될 수도 있었다. 한 예로, 우울증이 있는 사람이 있었다. 우울증이 있는 사람은 해외여행에서 만나게 되는 낯선 사람들, 낯선 환경, 언어의 장벽과 생소한 문화를 접하면서 불안감을 느껴 좋은 것을 보아도 감탄보다 불평스러운 말을 하게 된다. 그리고 집으로 빨리 돌아가고 싶어지고 혹시 사고로 돌아가지 못하게 될까 봐 걱정을 하기도 한다.

그래서 우울증이 있는 사람은 해외여행 시 자유여행보다 패키지여행을 권장하고 싶다. 그리고 여행 시 자신을 보호해 주고 챙겨 줄 수 있는 믿을 만한 사람과 함께 여행을 가는 것이 좋고, 자유여행은 패키지여행으로 해외여행의 경험이 어느 정도 쌓였을 때 가는 것이 좋다. 그런데 이때도 혼자보다는 사랑하는 사람과 함께 가는 것이 좋다. 사랑하는 연인 또는 배우자와 함께 단둘이 여행을 가는 것은 세계 모든 사람들의 로망이다.

반면, 우울증이 있는 사람이 혼자 떠난 해외여행을 통해 우울증을 치료하는 경우가 있다. 이 경우에도 패키지여행이 선행되었을 때 가능한 것이다. 자유여행 시 여행자는 혼자이기에 자칫 늘어질 수 있으므로, 일정을 타이트하게 짜서 움직이는 것이 좋다. 타이트한 일정은 말이 안 통하는 낯선 환경에서 살기 위한 생존본능으로, 우울할 시간이 없고 새로운 환경을 접하면서 어린아이 때와 같은 세상에 대한 호기심과 삶을 사랑하게 되어 뇌하수체에서 엔도르핀, 세로토닌, 다이돌핀, 도파민 등의 호르몬이나 신경전달물질이 분비되어 항스트레스와 불안감이 해소되어 우울증 개선에 도움을 준다. 관광 차원의 타이트한 일정으로의 자유여행을 여러 차례 다녀온 후에는 휴양을 위한 여행을 떠나 보길 권한다.

여행 일정은 관광 및 쇼핑으로 구성된 요일별·시간별 등의 일정표를 세부적으로 만들어서 일정에 맞춰 움직이는 것이 좋다. 관광코스는 인터넷 검색을 통해 가능하다. 자신이 가고자 하는 나라를 먼저 여행하고 온 여행자들이 블로그에 자세히 올려놓은 일정과 관광지 안내 등을 참고하면 된다. 항공권과 호텔 예약은 인터넷 사이트를 통해 쉽게 예매할 수 있다. 용기 있는 자가 인생의 즐거움을 맛볼 수 있다. 여행하고자 하는 나라에 사는 현지의 지인이 함께 하는 여행을 제외하고, 안전이 보장되지 않는 나라로 가는 자유여행은 삼가야 한다.

다음으로 세계의 유명 여행기 중 하나인 『콩고 기행』을 쓴 앙드레 지드의 인생을 살펴보면서 여행기 집필이 저자에게 주는 영향력을 살펴보겠다.

앙드레 지드는 1869년 대규모의 토지를 소유한 신교도 집안의 자녀로 태어나, 남프랑스 출신의 법학 교수인 쾌활한 아버지와 종교적 열정과 엄숙함을 지닌 어머니 사이에서 자랐다. 아버지는 지드에게 성경이외에 독서의 세계를 열어 주며 휴머니즘의 길로 이끌어 주었다. 하지만 11세 때 아버지의 사망으로 지드의 유년기는 온통 절대적 순종을 강요하는 어머니의 종교교육으로 숨 막힐 지경에까지 이르게 된다.

훗날, 엄마의 종교적 강요에 지친 지드는 엄마의 난잡한 생활에 고통을 받은 사촌누이 마들렌느와 서로 위로하며 지내다가 서로가 사랑하는 사이가 되어 결혼을 한다. 하지만 그는 금욕적인 생활을 지향하며 아내와 부부생활을 하지 않고 살았다. 결국 지드는 동성애와 혼외출산으로 아내와 친척들에게 충격을 주었다.

소설『좁은 문』은 지드가 경험한 이런 사랑을 모토로 한 제롬과 엘리사의 절절한 사랑 이야기이다. 제롬이 알리사를 사랑하기 시작한 것은 엄마의 정욕을 목격하고 괴로워하는 알리사를 보호하겠다고 마음 먹으면서부터였다. 그러나 제롬은 청교도적인 신앙으로 자신의 감정이 정신적이고 순수해야 한다고 생각하여 적극적인 구애를 자제하였다. 결국 지드는 『좁은 문』의 결론 부분에서 쾌락에 대한 인간의 욕망을 당연한 권리로 보고, '지상의 삶에 가치를 두고 기쁨을 만들어 가야 한다'고 하였다.

카뮈(Albert Camus)와 사르트르(Jean-Paul Charles Aymard Sartre), 생텍쥐페리(Antoine de Saint Exupery) 등과 같은 유명한 문학 작가들에게 지대한 영향을 준 앙드레 지드이지만, 그의 유년기의 왜곡된 엄마의 교육은 불행한 결혼생활과 문란한 성생활로 이어지는 원인이 되었다.

반면, 지드가 유능한 문학가가 될 수 있었던 것은 11세 이전까지 성경과 일반 서적을 읽기를 권장한 아버지의 가정교육에서 찾아볼 수 있다. 그리고 학교교육의 일화를 통해서 그가 어떻게 문학을 좋아하게 되었고, 문학의 대가로 성장할 수 있었는지를 추론할 수 있다. 앙드레 지드의 어린 시절 학교생활에 대해서 알아보면 다음과 같다.

어릴 적 앙드레 지드의 학교생활은 엉망이었다. 거짓말과 속임수에 능했고, 꾀병을 핑계로 3주 동안이나 장기결석을 하기도 하였다. 소심하고 심약했으며 가련할 정도로 겁이 많은 겁쟁이였다. 모범생들에 비해 도저히 비전이 보이지 않는 열등생에 불과했다.

그러던 어느 날, 학교에서 프랑스어 시간에 선생님이 학생들에게 시를 낭송하도록 했다. 그때 앙드레 지드는 자신의 감정을 모아 멋있게 시를 낭송했다. 그의 시 낭송을 들은 선생님은 지드에게 "넌 아주 훌륭한 작가가 될 소질이 있어"라고 칭찬을 아끼지 않았다. 안타깝게도 이 일로 그는 친구들로부터 시기를 받아서 잘난 척하는 학생으로 몰려 소외를 당하기도 했지만, 지드는 선생님의 칭찬을 생각하며 희망을 잃지 않고 문학 소년의 꿈을 키워 나갔다. 훗날 그는 작가가 되어 노벨문학상 수상의 영광을 차지하게 되었다.

앙드레 지드는 콩고 여행에서 원주민들을 짐승처럼 취급하며 억압하고 수탈하는 식민 지배자들의 비인간적인 모습을 보고 경악하였다. 그는 그런 실상을 알리는 작가로서의 의무를 다하기로 마음먹고 『콩고 기행』을 출간한 후 사회운동가로 변신하였다.

앙드레 지드와 마찬가지로 인간에게는 모두 유년 시절이 있다. 이 유년 시절의 가정교육과 학교교육은 한 사람의 인생 전반에 커다란 영향을 미친다. 따라서 자기주도 심리치료의 분석에 있어서 유년 시절에 상처받은 마음을 치료하는 것은 아무리 강조해도 지나치지 않는다.

나의 경우, 독실한 기독교도인 아버지와 어머니 슬하에서 자랐다. 내가 어릴 적 아버지는 매우 엄격하셔서 대화를 많지 나누지는 못했지만, 아버지는 문학을 좋아하여 유년기 때 헤밍웨이의 『노인과 바다』, 도스토옙스키의 『죄와 벌』을 감동적으로 읽은 소감을 이야기해 주셨었다.

나는 그 말을 듣고 자연스럽게 독서에 대한 관심을 가지게 되었고, 독서를 취미로 가지게 되었다. 내가 중학교 1학년 때 뒤늦게 신학을 공부하신 아버지는 목회자가 되어 개척교회를 창립했다. 그때부터 나는 목회자의 자녀로 성장했다. 어머니는 신앙심이 깊으셨고, 밤이면 어머니의 기도와 찬송 소리가 집안에 항상 울려 퍼졌다.

그 시절 나는 누가 시키지 않았으나 학교수업을 마치면 집으로 돌아와서 저녁밥을 먹고 다시 학교에 가서 조용히 공부하는 모범생이었으나, 고등학교에 진학한 후부터는 어머니의 가르침에 반항하며 속을 썩이는 아들이 되었다. 어느 날 그런 나를 보시고 혼내시던 아버지가 "왕규야, 앞으로 잘할 수 있지"라고 내게 물으셨다. 옆에서 듣고 있던 어머니는 화를 풀지 못하고 "제가 뭘 잘할 수 있겠어요"라고 말씀하는 것이었다. 그런데도 아버지는 "아니야, 왕규는 잘할 수 있어. 잘할 수 있지?"라고 말씀하셨다. 나는 잠시 생각을 하다가 아버지의 말씀을 받아들이고 "네, 잘할 수 있습니다"라고 대답하였다.

세월이 흘러 성인이 된 나는 어떤 문제와 선택에서 갈등하고 고민할 때에는 그날 부모님 두 분이 내게 각각 다르게 말씀하셨던 것을 생각한다.

그때마다 나는 그날 아버지가 "왕규는 잘할 수 있어"라고 나를 인정해 주신 말씀으로 용기를 얻는다. 만일 그날 아버지마저도 "그래 맞아. 제는 잘할 수 없어"라고 말씀하셨다면, 그 말씀은 내게 평생 부정적인 영향을 주었을 것이다.

초등학교 6학년 때 우리 반 담임선생님은 음악시험을 "푸른 잔디"를 독창하는 것으로 보았다. 음악시간에 처음 이 노래를 배울 때 나는 가사가 마음에 들어 동네 뒷동산에 오를 때면 종종 약수터 바위에 앉아 부르곤 하였다. 내 차례가 되어 앞으로 나간 나는 한껏 감정을 담

　　자기주도 심리치료 여행기와 자기주도 심리치료 분석　**119**

아 노래를 불렀다. 노래가 끝난 후 선생님은 내게 아주 잘했다고 높게 평가해 주셨다. 며칠 후 받아 본 성적표에는 음악점수가 100점이었다.

그날 이후 나는 아름다운 가사로 된 노래를 찾아서 즐겨 부르곤 하였다. 그리고 점차 노래 가사뿐만 아니라 시를 좋아하게 되어 시를 쓰거나 주옥같은 명시들을 찾아 읽고 감상했다. 시를 좋아했던 감성은 성인이 된 후 심리학을 공부하면서 심미적 에세이, 소설, 여행기를 습작하다가 저서를 출간하기까지 이르렀다. 어릴 적 가정과 학교에서의 건강한 경험은 인생 전반에 걸쳐서 긍정적인 영향을 미치고, 비건강한 경험은 마찬가지로 인생 전반에 걸쳐서 부정적인 영향을 미친다.

성인이 된 후 자신의 무의식을 의식으로 드러내어 정상적으로 분출하여 치료하는 것은 자기주도 심리치료의 방법 중 글쓰기로 가능하다.

프로이트가 정신분석학을 만들게 된 계기는 오스트리아의 의사인 J. 브로이어가 심한 히스테리에 걸린 한 소녀를 최면요법을 사용하여 그녀를 치료한 데서 기인하였다. 그의 치료 과정은 다음과 같다.

브로이어가 그 소녀에게 최면요법을 사용하여 그녀의 마음속 깊이 억압되어 자신이 의식하지 못하는 마음의 상처가 났던 그 시기의 사건에 대해 얘기하게 하였다. 얘기를 마친 후 그녀는 신기하게도 병이 완쾌되었다. 프로이트는 이 사실을 알게 되었고 브로이어와 함께 이에 관한 연구를 하였다. 그리고 그는 히스테리 증상은 의식의 영향을 받지 않고 무의식 속에 눌려 있던 감정이 원인임을 알게 되어, 그 감정을 정상적인 통로를 통해서 의식계로 방출하면 치료가 된다는 이론을 세웠다.

그 후 프로이트는 이런 환자를 치료하기 위해서, 최면술은 결함이 있다고 여겨 자유연상법으로 환자의 머리에서 떠오르는 생각을 숨기지 않고 자연스럽게 얘기하게 하는 방법으로 바꿨다. 1896년 그는 이

런 방식을 '정신분석'이라고 명명했다.[51]

이후 프로이트는 에세이 집필을 통해 문학과 예술에 대해 자신이 연구한 정신분석을 적용하여 새로운 해석을 시도했다. 즉, 정신분석비평으로 문학작품에 나타난 의미나 무의식적 의도를 설명해 주는 상징(symbol)과 언어의 가치를 중시하는 비평이었다. 그는 작가가 어떤 방식으로 심적 방어의 기제(mechanism)를 드러내고 있는가에 초점을 맞추었다.

생각해 보면 말보다는 글쓰기가 더 사람의 마음을 잘 드러낼 수 있다. 한국인의 정서상 상담자에게 쉽사리 자신의 문제를 낱낱이 말하지 못하는 현실에 비추어 볼 때, 글쓰기를 통한 자기주도 심리치료는 매우 의미가 있다.

여행기도 그중 하나이다. 여행을 다녀온 후 조용한 시간에 지난 여행의 추억을 회상하며 글을 쓰다 보면, 잊어버렸던 먼 과거의 마음 아파했던 기억이 현재의 추억을 통해서 떠오르고 그 기억들을 정상적으로 분출하여 건강한 마음을 회복할 수 있다.

---

51) 두산 백과사전.

부록

1. 위로와 희망(COMFORT & HOPE)

제1부 위로

■ 이별 - 이별을 넘어 승화로

사람은 세상에 태어나서 누구나 이별을 경험하게 된다. 그러나 사랑하는 사람, 혹은 사랑했던 사람과의 예기치 않은 이별의 아픔은 마음을 면도날로 갈기갈기 긋는 것과 같은 아픔으로 겪어 본 사람만이 알수 있다. 부모들은 가족들과 함께 살다가 세월이 흘러 아이들이 자라나면서부터 어느덧 밥상을 차리면서 밥그릇을 하나, 둘, 덜 올려놓는 경험을 하게 된다. 딸의 출가, 아들의 분가 등의 이유로 함께 식사하기가 어렵게 된다. 이러한 이별은 행복함에서 아쉬움이지만 부부간의 이혼으로 인한 이별과 연인의 이별, 형제의 이별 등은 상황이 다르다.

이러한 이별의 원인은 배신, 가난, 전쟁과 분단 등 안 좋은 사건으로 인해 발생되는 이별이다. 이 같은 이별은 사람의 마음에 상처를 남게 하거나 마음에 쓴 뿌리를 만들게 되어서 자신 또는 남에게까지 상처를 주기도 한다. 사랑하던 남녀의 이별은 세상이 창조되어 인류가이 땅에 살아오면서 수없이 일어난 사건이다. 이별의 사건은 남에게는 큰 사건이 아닐지 몰라도 자신이 원치 않는 이별을 겪는 사람에게는 너무나 커다란 상실이고 아픔이다. 이런 이별의 아픔을 겪는 사람들의 사연도 다양하다.

나는 대학 졸업 후 잠시 근무했던 한양건설 현장 사무소에서 근로자들을 관리한 적이 있었는데, 어느 날 일용직으로 근무를 희망하는 중년 남자의 내방을 받았다. 마침 사람을 구하던 중이라서 일용직으로 근로계약을 하고 숙소로 안내해 주었다.

그런데 며칠 동안 일을 잘하던 남자가 이틀간 일하러 나오지 않아서 숙소에 가서 어떻게 된 것인가 물어보니 방 한쪽에 누워서 흐린 눈을 뜨고 주민등록증을 보여 주는데, 주민등록증 사진의 남자의 모습은 한눈에 보아도 정장 차림의 말끔한 신사의 모습이었다. 그는 사진을 보고 있는 내게 전에 자신도 사무직에서 근무했던 사람인데, 아내가 집을 나가서 아내를 찾고자 몇 년 동안을 전국 여러 곳을 돌아다니다가 일 년 전부터는 돈도 다 떨어져서 공사판을 전전하면서 아내를 찾아다닌다고 했다. 마치 1990년대 자전적 소설 『하얀 기억 속의 너』에서 며느리가 암으로 아이를 낳지 못하게 되자 아들과 헤어질 것을 종용하는 시아버지 때문에 집을 떠난 아내를 찾아 웨이터, 엿장수, 약장사 등을 하면서 수십 년간 헤매고 다녔던 주인공을 보는 듯하였다.

이같이 아내의 가출로 인한 슬픔뿐 아니라 평생을 함께 살기를 맹세한 부부의 이혼도 커다란 이별의 슬픔이 아닐 수 없다. 이혼 이유를 보면 천태만상이다. 배우자의 문제, 즉 배우자의 부정, 배우자의 술주정과 폭행, 도박이나 사업자금 문제, 배우자의 가출, 속궁합 차이, 문화적 향유를 위함 등등 다양하다. 이혼의 경우 사람마다 도덕적 수준과 가치 기준이 다르기 때문에 그 사람의 판단과 결정에 대해서 이렇다 저렇다 비판할 수는 없다. 그들은 어찌할 수 없는 상황에서 아픈 마음을 참고 참으며 이혼을 택한 것이기 때문이다.

동서양의 역사를 보면 역사가들은 유명인들의 이혼사유를 기록해 왔음을 알 수 있다. 로마의 장군 카이사르(Gaius Caesar)의 경우는 전쟁터에서 돌아와서 보니 아내가 바람을 피웠다는 소문을 들었다. 카이사르가 외도의 증거가 나오지도 않았는데 이혼을 하자, 그의 주변에서는 "증거도 없는데 이혼한 것은 너무한 것이 아닌가?"라고 그에게 의문을 제기했을 때, 카이사르는 "아내가 바람을 피웠다는 소문도 있어서는 안 된다"고 말했다고 한다.

폼페이우스도 아내가 바람을 피워서 이혼을 하게 되었다. 아내의 상대 남자에는 카이사르도 포함되어 있었다. 아이러니한 것은 카이사르는 이혼한 폼페이우스에게 자신의 외동딸을 배필로 준다. 폼페이우스와 결혼한 카이사르의 딸은 폼페이우스와의 많은 나이 차이와 관계없이 다정한 부부로 행복한 나날을 보냈다. 그럼에도 불구하고 카이사르와 폼페이우스는 훗날 로마를 집권하고자 하는 야망으로 큰 전쟁을 하기에 이르렀는데, 그 전쟁의 승리는 로마로 연결된 루비콘강 다리를 건너면서 "주사위는 던져졌다"라는 명언을 남긴 카이사르에게 돌아갔다. 전쟁에서 승리한 후 그는 또 하나의 유명한 말을 남겼는데 "왔노라. 싸웠노라. 이겼노라"이다.

세상에는 슬프지만 아름다운 사별과 관련된 사랑 이야기도 있다. 고려의 공민왕과 노국공주의 애절한 사랑이야기가 그것이다. 고려의 태자 왕기는 12세 때부터 원나라에 볼모로 가서 살았다. 그는 그림을 그리면서 세월을 보내던 중 19세가 되어서 노국공주와 결혼을 하게 된다. 그리고 그는 2년 후에 고려의 왕으로 귀국하여 친원세력을 몰아내고 잃어버린 북방의 땅을 회복한다. 그를 지지해 준 사람은 다름 아닌 왕비가 된 노국공주였다. 노국공주의 지지 중에서 대표적인 것이 친원세력인 원나라 황후의 오라버니인 기철과 그의 일당을 정리한 일이다.

그리고 공민왕은 900여 년간 원나라에 빼긴 후 찾아오지 못하고 있는 북방의 땅을 찾고자 군량미를 비축하는 데 자금 부족으로 어려움을 겪자, 노국공주는 자신이 원나라에서 고려로 올 때 가져온 패물을 자금으로 쓰도록 내놓는다.

이 일이 전국에 알려지자 많은 귀족들이 자진해서 국가에 금은보화를 헌납하는 일이 번졌고, 백성들은 왕비를 진심으로 존경하게 되었다. 이렇게 전폭적으로 자신을 지지하고 내조한 노국공주가 어느 날 아기를 출산하다가 갑자기 죽었는데, 왕비의 죽음은 공민왕에게 커다란 충격이었다. 사별의 슬픔을 이겨 내지 못한 왕은 정사를 돌보지 못하던 중 어느 추운 겨울날 왕비가 묻혀 있는 능으로 가서 능 근처에 마련된 행궁에서 보름 동안을 홀로 지내면서 글을 읽던 중 마음에 끌리는 대목을 종이에 적었다.

구름처럼 모인 정이
달 따라 가버렸네
어디에서 왔다가
어디로 가버렸는가

- 화엄경 -

정인이었던 왕비를 그리워하는 그의 마음을 잘 대변해 주는 글이었다. 왕의 병은 치료되지 않고 갈수록 깊어져 갔다. 역사가들은 공민왕의 후궁들은 앞다투어 적자를 잉태하고자 왕의 수청을 들려고 하였고, 이를 싫어한 왕은 점차 여자들을 멀리하기에 이르렀다고 한다.

결국 공민왕은 몽고에서 유행하여 고려에도 퍼졌던 동성애에 빠져 자신을 여성 시하기까지 이르렀다. 그리고 자제위(왕의 침소를 받들기 위해 구성된 13명의 미소년 집단) 중 한 명인 홍윤이 자신의 지시로 익비를 임신시키게 된 것을 내시 최만생으로부터 듣고 취기 중에 홍윤을 죽일 것이라고 말하면서 "너도 죽여야 소문이 안 나겠지"라는 실언을 하였다. 결국 이 말을 들은 최만생은 자제위 홍윤, 권진, 홍관과 결탁하여 왕의 침소에 들어가서 왕을 살해하였다. 공민왕은 왕비를 잃은 슬픔과 충격에서 벗어나지 못하고 마음이 병들어서 국사를 돌보지 않고 동성애 등 풍기문란 행위를 하다가 비참한 죽임을 당한 것이다. 사별의 슬픔을 이겨 내지 못한 한 사람의 비참한 말로이다.

생전에 그의 성공을 위해 조국까지 등지면서 애쓴 왕비(노국공주)의 노력을 생각해 볼 때 너무나도 안타까운 일이었다. 역사적으로 볼 때 공민왕과 노국공주만큼 백성들을 아끼고 사랑한 왕과 왕비가 없었으며, 백성들에게 존경받고 사랑받은 왕과 왕비가 없었기에 그들의 인생이 해피엔딩으로 마치지 못한 것이 더욱 안타깝다.

왕과는 정반대로 하층생활 중에서 최하층의 생활을 하던 김춘삼은 거지생활을 하던 중 경북 모 군청으로부터 사업의뢰를 받고 한센병 환자들을 대구시 외곽에 새롭게 조성된 나환자촌으로 이주시키는 일을 하게 되었다. 그때 김춘삼은 일본의 와세다대학교 출신인 한센병 환자들의 대표를 만나서 담판을 하던 중 한센병에 걸려서 일류대학을 중퇴한 여동생과 결혼해 주면 집단촌을 이전해 주겠다는 뜻밖의 제의를 받는다. 거지 왕 김춘삼은 그 자리에서 그 제의를 받아들이고 나환자 대장의 여동생과 결혼하여 신혼 밤을 치른 후 황급히 그곳을 떠났다가 양심의 가책을 느끼고 같이 살고자 사흘 후에 다시 그녀를 찾아갔지만, 그녀는 이미 자살하여 세상을 달리한 후였다. 그녀가 남긴 유서에는 이런 글이 적혀 있었다고 한다.

남산이 말을 할 수 있으면
당신에게 내 말을 들려줄 것입니다.
남산에게 물어보십시오.

내가 당신에게 하고 싶은 말을
남산은 알고 있을 테니까요.
나에 대해서 궁금하거든
남산에게 물어보세요.

못다 핀 꽃 한 송이와 같은 여인의 사랑과 아픔이 물씬 묻어 나오는 글이 아닌가? 그 후 거지 왕 김춘삼은 사별의 슬픔과 많은 역경을 극복하면서 거지들을 계몽하는 일을 하다가 목사가 되어 소외되고 약한 자들을 돌보며 살았다. 이렇듯 우리는 여러 가지 이별을 겪게 되는데 원치 않는 이별의 경우, 이별 후에 오는 집착이 가져오는 고통은 상상 외로 크다. 이러한 이별의 고통을 겪지 않기 위해 사람이 가져야 할 마음가짐에 대해서 석가모니는 헤어진 사람에게 집착하지 말아야 할 것을 인연에 빗대어서 이렇게 말했다.

"인연이 아니면 떠나갈 것이요. 인연이면 다시 만날 것이요. 다시 만나지 못한다면 새로운 인연이 올 것이다. 그러니 흐르는 물에 몸을 맡기듯이 순리대로 흘러가면 되는 것이다."

동양인만 순리대로 살아가는 데 익숙한 것이 아니다. 프랑스에 단체로 여행을 간 사람들에게 있었던 일화로, 한 여인이 호텔에 물건을 두고 나온 것을 뒤늦게 알고 관광버스 기사에게 호텔로 돌아가 줄 것을 요청했다고 한다. 그때 프랑스인 운전기사는 "세라비"라고 말한 후 차를 돌려서 호텔로 향했다. 그 여인이 주변 사람들에게 그 말뜻을 물어보니 "인생은 그런 것이다"였다. 프랑스인들의 여유 있는 삶은 오랜 전통과 생활의 풍요로 인한 삶의 질의 우수함에도 있지만, 그들도 그들 나름대로 내전과 세계대전을 겪으면서 인생의 아픔과 고통을 승화하며 살아가는 동안 익힌 민족성이라고 할 수 있을 것이다.

우리나라에서는 처음에는 잘했는데 나중에는 안 좋게 변해 갈 때 사람들은 "다 그런 거지"라고 말한다. 이 말은 왠지 체념하는 듯한 뉘앙스가 있어 쓸쓸한 느낌이 들기도 한다. 이런 말을 하는 사람의 심리 상태는 상대를 이해하기보다 상대에 대한 기대가 무너졌을 때 화를 내기보다는 체념하고 속으로 삭이는 것으로 현실의 고통에 적응하는 긍정적인 측면도 있다.

몇 해 전 유행한 "인생 뭐 있어"라는 말은 현대인들이 인생에 대해서 너무 고민을 하고 스트레스가 만만치 않은 적절한 시기에 적절한 표현으로 인기를 끈 대사가 아닌가 싶다. 이 말은 때로는 자신의 신세를 한탄하여 자조적(自嘲的)으로 쓰이기도 한다. 그러나 인생은 너무 고민할 것도 너무 안일할 것도 아닌 기준이 있어야 한다. 오랫동안 전해 내려온 기준이 인생의 기준이 될 때 유별나거나 화려하지 않고 때론 권태롭기까지 한 일상생활에서 안정을 유지하게 해 줄 것이다.

성경에 보면 욥은 동방의 의인이었는데, 집과 가축과 함께 자녀를 모두 재앙으로 잃었다. 그의 아내는 무너진 집터 위에 앉아 온몸에 난 악창을 기와조각으로 긁고 있는 욥에게 다가가서 "하나님을 순수하게 섬기는 것을 그만두고 하나님을 욕하고 죽으라"고 하였다(욥기 2:8). 욥은 자녀와의 사별과 아내의 멸시, 전 재산의 몰락 등으로 슬픔이 이루 말할 수 없었다. 그러나 그는 하나님을 원망하지 않았고 자살하지도 않았다. 결국 그는 하나님으로부터 그전보다 몇 배에 달하는 복을 받고 부유하고 행복한 삶을 살았다고 한다.

예수님은 사랑하는 제자들과의 이별을 앞두고 최후의 만찬을 가지셨다. 어머니 마리아는 아들 예수의 죽음을 목격하고 슬픔에 빠져서 울었다. 아들의 시신을 안은 어머니 마리아의 모습은 많은 화가와 조각가들의 작품으로 표현되어 수천 년이 지난 오늘날까지 깊은 감동을 주고 있다. 그러나 어머니 마리아의 슬픔은 부활하신 예수님을 만난 후 감격과 희망으로 바뀌게 된다.

몽고의 정복자 테무친은 다른 부족에게 아내를 빼앗기는 비극적인 이별을 겪는다. 그는 세력을 키워서 적들을 섬멸하고 아내를 다시 찾았으나 이미 그의 아내는 적장 아들의 아이를 임신한 상태였다. 그러나 그는 자기 아내를 버리지 않았고 아내에게서 낳은 아이를 자기 자식과 동일하게 사랑하고 키웠으며 훗날 다른 아들들과 같이 그의 왕국을 나누어 주기까지 하였다.

삼국지에 등장하는 관우는 조조 군에게 붙잡혀서 주군인 유비와 이별하게 된다. 그때 적장인 조조의 극진한 대접에도 불구하고 그는 주군인 유비를 배신하지 않았으며 결국 기회를 엿보다가 탈출을 시도하였는데, 그런 관우를 조조는 추격하지 않고 살려 준다. 훗날 관운장에게 붙잡힌 조조는 자신이 살려 준 것을 생각해서 살려 달라고 애걸하여 관우의 도움으로 생명을 보존하고 탈출하게 된다. 비록 적장이었지만 인재를 알아보고 살려 준 조조는 훗날 그 보답을 받게 된 것이다.

살았으나 죽은 자로 만들어 생이별한 경우도 있다. 조선 말 별기군이 설쳐대고 구식군대의 대우가 날이 갈수록 나빠져 월급이 1년이나 밀렸다고 한다. 그러다가 두 달 치 월급이 쌀로 나왔는데, 그 쌀 속에 모래가 섞여 있었다. 이에 반발하여 구식군대의 폭동이 일어나자 흥선 대원군은 측근을 내세워 시위를 격화시켜서 임오군란을 일으키게 하였다. 이 군란으로 위기에 처한 고종이 흥선 대원군을 궁궐로 불러들여 무마시키는 과정에서 흥선 대원군은 살아 있는 며느리를 죽었다고 공포하여 아들 부부를 생으로 사별시키고 장례식을 치렀다.

자신이 원하지 않았지만 사랑하는 조국을 떠나 외롭게 쫓기는 신세가 되어 조국을 그리워하다가 쓸쓸히 목숨을 끊은 사람이 있다. 카르타고의 한니발 장군이다. 그는 눈보라가 몰아치는 알프스 산맥을 병사들과 함께 코끼리 떼를 몰고 넘어가서 당시 대제국인 로마를 공격하여 로마시민들을 공포에 떨게 하였다. 로마의 장군 스키피오는 자국에서의 싸움이 로마군에게 불리하다고 판단하여 역으로 카르타고를 공격하였다. 결국 스키피오의 계략대로 위험에 빠진 카르타고의 원로원은 한니발을 소환하여 자마전투에 출전하게 하였는데 대패하고 말았다.

그러나 훗날 그는 카르타고의 집정관이 되어 로마에 대해 보복할 기회를 노렸으나, 그의 정적에 의해 시리아와 통모하여 로마에 대항하려 한다는 밀서가 로마로 전해졌기에 부득이 시리아로 피신하였다. 그 후 한니발 장군은 시리아의 안티오코스 3세와 함께 로마군과 싸웠으나 BC 190년 안티오코스군이 마그네시아에서 로마군에 패하자 다시 소아시아의 비티니아로 피신하였다. 로마는 그의 신병인도를 요구한 후 자객들을 보내서 그의 뒤를 쫓았다. 여러 해를 도망자 신세가 되어 숨어 살던 한니발 장군은 어느 날 점점 좁혀 오는 로마 자객들의 포위망을 실감하고 자살로 생을 마쳤다.

한 시대의 영웅이 일신의 안목만을 위하는 원로원 간신배들로 인해 조국을 떠나 외롭게 생을 마쳤으나, 그 이름은 후대에 빛을 발하고 있다. 그러나 카르타고는 역사 속에서 사라져 버렸다.

에이브러햄 링컨은 어려서 어머니와 이별한 후 어머니가 남겨 주신 성경책을 읽으며 자랐다. 링컨의 어머니 낸시는 아들이 세상에 태어나자마자 성경을 읽어 주면서, 아들을 위해 기도했다. 그러다가 그가 아홉 살이 되었을 때에 풍토병으로 세상을 떠났는데, 링컨에게 자신이 읽던 성경을 주면서 유언하기를 "부자나 위인이 되기보다는 성경을 읽는 것을 즐기는 사람이 돼라"고 말하였다.

그 후 링컨은 어머니의 유언을 따라 늘 성경을 읽는 대통령이 되었다. 훗날 그는 어머니에 대해서 "어머니의 기도 소리는 오두막집 구석구석에 깔려 있는 것 같았다. 집에서뿐만 아니라 들에서 일할 때에도, 내가 성장하여 가게에 나가 일할 때에도 어머니의 기도 소리는 언제나 내 곁에서 사라지지 않았다"고 회고하면서 어머니를 존경하였다. 그리고 그는 실패를 두려워하지 않고 끊임없이 보다 나은 삶을 위해서 노력하고 도전하여 미합중국의 존경받는 대통령이 되었고, 흑인노예의 해방에 기여하였다.

성경을 읽고 자란 링컨의 성공적인 자질인 온유함과 겸손함은 아버지와 관련된 예화에서 잘 나타난다.

링컨의 아버지 토머스 링컨은 1637년 영국에서 이민 온 직공의 후예로 농부가 되어 땅을 개간하며 농사를 짓다가 농업이 여의치 않자 토머스 역시 신발 만드는 일을 하였다. 링컨이 대통령에 선출되었을 때 그런 사실을 알게 된 상원의원들은 매우 충격을 받았다.

대부분 높은 학력에 명문 귀족집안 출신이었던 상원의원들은 신발제조공 집안 출신에다 제대로 학교도 다니지 못한 링컨 밑에서 일해야한다는 것이 여간 불쾌하지 않았던 것이다.

링컨이 대통령에 선출되어 많은 상원의원들 앞에서 취임연설을 하게 되었다. 그때 거만해 보이는 한 상원의원이 일어나 링컨을 향해 말했다.

"당신이 대통령이 되다니 정말 놀랍소. 그러나 당신의 아버지가 신발 제조공이었다는 사실을 잊지 마시오. 가끔 당신의 아버지가 우리 집에 신발을 만들기 위해 찾아오곤 했소."

그러자 여기저기서 킥킥거리는 웃음이 새어 나왔다. 그때 링컨의 눈엔 눈물이 가득 고였다. 그것은 부끄러움의 눈물이 아니었다.

"고맙습니다. 의원님 때문에 한동안 잊고 있던 제 아버지의 얼굴이 기억났습니다. 제 아버지는 신발 제조공으로 완벽한 솜씨를 가진 분이셨습니다. 지금 이 자리에 모이신 분들 중엔 제 아버지가 만드신 신발을 신으신 분들도 계실 겁니다. 만약 신발이 불편하다면 제게 말씀해 주십시오. 아버지의 기술을 옆에서 보고 배웠기에 조금은 손봐 드릴 수 있을 겁니다. 물론 제 솜씨는 돌아가신 아버지에 비교할 수 없습니다만……."

그러자 장내 모두가 숙연해졌다고 한다.

강원도 고성에 가면 바닷가에 300여 명의 주민이 살고 있는 마을이 있는데, 그중에 70%가 이북에서 피난 온 사람들이다. 그들 중 한 노인은 신혼이었는데, 전쟁 통에 신부를 놔두고 잠시 피난 온 후 96세가 된 지금까지 고향을 지척에 두고도 돌아가지 못하고 있다. 또 한 노인은 매일같이 바다 끝 망루로 나가서 고향 하늘을 바라보면서 가족들을 생각한다고 한다. 집을 떠나던 날 어머니에게 며칠만 피했다 오겠다고 말하고 남으로 내려왔는데, 60년의 세월이 흘렀다고 한다.

게르만 민족인 독일이 동서로 분단되었다가 통일한 것처럼 우리 한민족도 남북한이 통일되는 날이 속히 왔으면 한다.

- 이하 생략 -

제2부 희망으로 행동하라

희망으로 행동하고자 하는 사람은 자기 자신을 알고, 가치 있는 생각을 하는 사람이다. 그런데 우리 현대인들은 자기를 아는 데 취약한 환경에 놓여 있다. 자기 자신에 대해 깊이 생각하는 시간을 갖기에는 너무 많은 것들이 사람들의 시선을 끌기 때문이다. 그런데 우리는 남에 대해서는 필요 이상으로 많이 알려고 하는 경우도 있다. 이제 한 번쯤 조용한 공간에서 자기를 바로 알고, 가치 있는 생각을 하는 시간을 가져 보자.

1) 자기 알기

한때 세간에서 가짜 박사학위 문제로 세상을 소란케 한 여인이 강의를 할 때 "나는 누구인가?"라는 질문을 던지고 강의를 진행했고, 명강사라는 소문이 자자하였다. 사람들은 외모나 언변으로 그녀를 판단하고 존중하였다고 한다. 하지만 자신을 알지 못하는 사람이 남에게 자신을 알라고 한다는 것은 어불성설이다. 대학을 나오지 않았지만 본의 아니게 유명 대학교를 나온 것처럼 활동한 모 학원 강사는 가짜인 것이 들킬까 봐 진짜보다 더 노력해서 강의를 준비했다고 한다. 그러나 언제나 마음이 편치 않았지만 자신의 학력을 공개한 후 마음의 평화를 얻었다고 한다.

2010년 새해 벽두부터 우리나라 젊은 남성들에게 희망을 준 김혜수, 유해진 커플의 연애소식이 있었다. 그 후 몇 주 뒤에 김혜수 씨의 미니홈피에 키르케고르의 "사람에게 가장 중요한 것은 내가 무엇을 위하여 살고 무엇을 위하여 죽어야 하는지를 정확하게 아는 것이다"라는 글이 올려졌다. 키르케고르는 내가 대학 다닐 때 가장 좋아했던 실존주의 철학자로, 그는 그의 저서 『이것이냐 저것이냐』에서 인간의 삶을 세 단계로 나누어 설명하였다.

첫 번째 삶의 단계를 미적(美的) 단계로 보았다.

그는 이 단계에서 인간은 감각적 쾌락을 좇아 사는데, 감각적 쾌락만을 좇는 삶의 결과는 권태와 절망뿐으로 이런 쾌락으로 인간은 결코 행복해질 수 없다고 보았다.

이 사실을 깨달은 사람은 두 번째 단계인 윤리적 단계에 따른 삶을 살게 되는데, 쾌락만을 좇아 무비판적으로 사는 것이 아니라 인간으로서 지켜야 하는 보편적 가치와 윤리에 따라 생활한다고 보았다. 이 단계에서 인간은 비로소 스스로 책임지는 삶을 살게 되는데, 윤리적 한계를 느끼게 되고 죄의 문제를 해결하지 못하는 연약한 존재인 것을 깨닫게 된다고 하였다. 또한 언젠가는 죽을 수밖에 없는 인간실존을 인식하게 되어 윤리적 인간으로 살아간다 할지라도 언젠가는 파멸하고 말 것이라는 불안에서 벗어날 수 없다고 보았다.

그래서 인간은 이 단계에서 절망하게 되는데, 절망 가운데서 다음 단계로 나아가게 된다고 한다. 바로 종교적 단계이다. 그는 인간은 이 세 번째 단계에서 비로소 인간다운 삶을 살 수 있다고 보았다. 그는 인간이 신을 믿고 살아갈 때에 신으로부터 죄의 문제를 해결 받고 인간으로서의 절망감을 극복하고 안정적이고 완성된 삶을 살 수 있다고 하였다.

그러나 사람들은 자신이 윤리적인 삶을 살지 못하는 것을 환경에서 찾으며 항상 변명하기에, 키르케고르는 사람들에게 신은 당신의 모든 것을 알고 있으니 신 앞에 단독자로 서서 더 이상 변명하지 말고 자기를 점검하고 최선을 다해 노력하면서 살라고 한다.

사람들은 이같이 완성적인 삶을 살아가는 데 모델이 되거나 도움을 줄 수 있는 멘토가 될 사람을 찾는다. 하지만 사람들이 멘토로 따를 사람을 만나는 경우가 쉽지 않고, 멘토가 될 만한 사람들도 아무나 멘티로 삼으려고 하지 않는다. 그래서 사람들은 그런 인물들을 간접적으로 만나는 방법으로 독서를 선택하는 경우가 많다. 양서를 통해서 역사적으로 검증된 인물들을 통해 자신을 점검하고 알아 가는 것이다.

이제부터 필자가 소개하는 검증된 인물들의 핵심사상을 통해서 자신을 점검하고 자신이 누구인가를 알아 가는 시간을 가져 보기 바란다.

첫째, 세상을 알기 전에 나를 알아야 한다.

"나는 누구인가?"

인간은 의식의 초점을 자신에게 맞추고 자기를 인식하는 자의식이 있기에 자신이 누구인지 알고 싶어 한다. 빅클룬트는 인간의 자의식을 공적 자의식과 사적 자의식으로 나누었다. 공적 자의식이 높은 사람은 남들이 자신을 어떻게 평가하고 보는지에 신경을 많이 쓰기 때문에 유행, 외모 등에 관심이 많다. 그리고 체면과 눈치를 많이 보기 때문에 태도와 행동이 일치하지 않은 경우가 많다.

그에 비해 사적 자의식이 높은 사람은 혼자 있기를 좋아하고 자기 내면의 감정, 의견에 매우 민감하고 자신에게 좀 더 충실하려는 경향이 있어 태도와 행동이 상당히 일치하다고 한다. 이런 이론을 근거로 해서 볼 때 먼저 사적 자의식을 통한 자신의 존재 가치를 알고 자신의 내면을 강화하는 사람이 자기를 사랑할 수 있고 타인을 사랑할 수 있을 것이다.

농업사회에서는 내가 누구인지를 아는 것은 그리 어렵지 않았다. 그러나 개인주의와 핵가족화가 된 사회에서 살고 있는 현대인들은 나에 대한 정체성을 확립하는 것이 그리 쉽지 않다. 이러한 현상은 비단 우리나라만이 아닌 전 세계적인 현상이다.

2009년도 행복지수에서는 1인당 국민소득이 6,500달러인 중남미 국가인 코스타리카가 1위를 차지했다. 코스타리카는 아름다운 자연과 다양한 생물 종을 갖췄을 뿐만 아니라 환경보호와 재생에너지 활용 등이 좋은 평가를 받았다고 한다. 반면, 자신의 삶이 불행하다고 여기는 나라의 사람들은 세계에서 경제적으로 잘사는 나라인 유럽과 미국이 차지했다. 유럽과 미국의 노인들은 자국의 사회복지가 잘되어 있는데도 외로워하고 자살률이 높다. 그래서 사회복지사나 성직자들이 주로 하는 일이 외로운 노인들의 이야기를 들어주고 대화하는 일이라고 한다.

이런 조사를 통해 볼 때 코스타리카 국민이 행복지수가 높은 것은 농경사회가 주는 공동체적 삶을 통해서 가능한 것이라고 본다. 가난하지만 공동체가 살아 있는 곳에서는 무엇보다 자신이 누구인가에 대한 존재감을 느끼게 해 주는 가족과 친지 그리고 이웃들이 있기 때문이다.

자연의 하나인 물도 좋은 말을 해 주고 아름다운 음악을 들려주면 결정체가 아름다운 모습으로 변한다. 그래서 러시아의 한 도시에서는 정수장에서 클래식 음악을 24시간 틀면서 물을 정수하기도 한다. 이러한 현상은 식물들에게도 나타난다. 나무나 꽃을 보고 좋은 말을 해 주고 아름다운 음악을 들려주면 싱싱하게 잘 자란다. 하물며 말을 하고 말을 알아듣는 사람은 어떻겠는가? 가족과 이웃들로부터 사랑이 가득 담긴 격려와 지지 그리고 진심 어린 충고를 들으면서 자라는 아이들은 자기 정체성을 바르고 확실하게 정립하며 성장할 것이다.

안타까운 것은 우리나라의 공동체 의식은 이제 시골에서나 찾아볼 수 있는데, 그 시골마저 모두 고령인구가 되어 옛날과 같은 다양한 연령층의 공동체가 아닌 노인들만의 마을공동체가 생겨나고 있다. 노인들만의 마을공동체는 세계에서 유래를 찾아볼 수 없는 우리나라에서

만 나타나는 현상으로 예전처럼 논밭에 나가서 할 일도 없고, 혼자 앉아서 TV를 보는 것도 무료하고 하여 마을회관에 함께 모여서 밥도 해 먹고 대화도 나누는 등의 생활을 하고 있다. 하지만 행복의 가치척도는 보는 사람마다 다를 수가 있기에 후진국의 생활이 선진국가나 선진국 진입에 다가서고 있는 나라, 때론 중진국이라고 하는 국민들에게 부러움의 대상이 되지 못하고 있다. 국민 대다수가 가난함을 평등적 행복감으로 여겨 무지에 의한 불행 둔감 현상으로 보기도 하기 때문이다.

따라서 이상적으로 행복한 나라는 기본적으로 가족과 지지자들의 지원이 있으면서 물질적인 풍요와 수준 높은 문화와 교육 환경이 실현되는 국가이다. 그런데 애석하게도 현재 우리나라는 후진국도 선진국도 아닌 어정쩡한 상태로 지내 온 지가 수십 년이다.

그래서 한 개인이 받는 고통과 시련은 더욱 클 수밖에 없다. 그 결과 자살률은 세계 1위이고, 이혼율도 세계 2위라고 한다. 더욱이 2008년에 터진 미국 월가의 금융위기는 실업자 100만 명의 시대를 만들어 우리들의 삶을 더욱 힘들게 하고 있다. 그러한 어려움이 젊은이들에게 더욱 팽배해져서 2009년 들어서부터 얼마 전까지 아름다운 강원도에서 젊은이들의 동반자살이 늘어 사람들을 안타깝게 했다. 아마도 젊은이들이 산수가 아름답고 사람 사는 인정이 살아 있는 곳에서 한 많은 세상을 떠나는 것은 상처 난 마음에 조금이나마 위안을 삼고자 한 것이 아닐까?

이런 현상을 막기 위해서라도 과거의 정(情) 문화가 넘실대던 우리나라의 잃어버린 정 마을을 회복시켜 나가야 하겠다. 인정이 넘쳐나고 온 이웃이 슬픔과 기쁨을 함께 나누며 어른을 공경하고 아이들을 자기 자식처럼 위하는 그런 마을, 동네 사람들이 서로 호형호제하며 웃음꽃을 피우는 그런 마을이 그리운 것은 나만의 그리움은 아닐 것이다.

나는 가난하지만 따뜻한 인정이 넘치는 산동네에서 어린 시절을 보냈다. 내가 5살 되던 해 아버지께서 사업에 실패하신 후 우리 가족은 시흥2동 호암산 아래 산동네로 이사 오게 되었다. 그 당시 시흥2동의 산동네는 서울지역 홍수로 인해서 집을 잃은 사람들이 사는 곳이라고 하여 수재민촌으로 불리기도 했다. 부모님은 그 동네에 땅을 사서 일자형 벽돌집을 지으시고 검은색 누빙으로 지붕을 덮으셨다. 처음에는 두 칸짜리 집이었는데, 생활이 어려워지면서 방과 부엌을 한 칸씩 늘려 총 네 칸짜리 집을 지으셨다.

요즘으로 말하면 일자형 원룸을 짓고 임대해서 세입자로부터 월세비를 받아서 생활비에 보탠 것이다.

- 중간 생략 -

그렇게 가난하지만 인정이 있는 동네에서 살던 어느 날 아버지와 엄마는 맞벌이를 하시러 직장에 나가셨고, 나는 누나와 함께 밥을 먹기 위해 국을 데워 방으로 올라가는 계단을 오르다가 그만 넘어져서 이마가 깨져 피가 흘렀다. 놀란 누나가 울면서 집 밖으로 나가서 동네 사람들에게 동생을 도와달라고 외치자 동네 어른들이 소리를 듣고 오셨는데, 그분들 중 앞집에 사는 진호 아버지께서 이마를 담뱃잎으로 눌러서 지혈을 시켜 주시고 괜찮다고 안정을 시켜 주셨다.

성인이 되어서 그날 일을 생각해 보니 어렸을 때 처음으로 겪은 어려움을 통해서 이웃 간의 정을 느끼게 된 것이 참으로 다행이었다. 이 경험은 나로 하여금 사람에 대한 신뢰감을 갖게 하였고, 어려울 때는 함께 하는 사람들이 있다는 믿음을 갖게 하였다.

그런데 요즘 우리나라 아이들의 실상은 어떠한가? 어려움을 당할 때에 얼마나 이웃들의 도움을 받고 있는가? 이웃들로부터 받는 따뜻한 경험은 얼마나 되는가? 우리나라의 현실은 60년대에 비해서 너무나 많은 차이가 있다. 1970년대 중반까지 그 당시 우리나라는 방글라데시나 아프리카의 여러 나라들 못지않게 못사는 나라였다. 값싼 노동력과 저임금으로 경제를 성장시켜 나가던 어려운 시절이었다. 그래도 그 때 그 시절의 사람들은 이웃 간의 정으로 모든 어려움들을 극복해 나갔다고 생각한다. 당시 우리나라는 쌀이 부족하여 정부가 나서서 보리밥을 권장하기에 이르렀고 초등학교에서는 "복남이네 집에서 아침을 먹네, 보리밥 먹는 사람은 신체가 건강해"라는 동요를 불렀다. 그리고 점심시간이면 선생님들이 보리밥 검사를 했었다.

그러던 어느 날 나는 엄마와 누나와 같이 아침밥을 먹고 있는데 윗집 사는 선미 누나가 하얀 교복을 입고 집 문을 열고 천사처럼 밝게 웃으며 들어왔다. 당시 나는 선미 누나네는 부잣집이라고 들었는데, 그 누나가 우리 집에 오니 무척 반가웠다. 그런데 그 누나가 온 이유를 듣고 나를 비롯해서 엄마와 누나의 얼굴이 순간 굳어졌다. 선미 누나가 우리 집에 온 이유는 쌀밥으로 싼 도시락 위에 보리밥을 얹어 달라고 온 것이었다. 그래도 엄마는 빨리 표정을 바꾸고 아무런 내색도 안 하고 미소를 지으면서 보리밥을 퍼서 선미 누나가 손에 들고 온 하얀 쌀밥이 담긴 도시락 위에 덮어 주었다. 그 일을 생각하면 한편으로는 씁쓸하기도 하지만, 그 정도로 이웃 간에 허물없이 왕래했던 정이 그립다.

2) 가치 있는 생각을 하라.

빅터 프랭클은 히틀러의 수용소에서 고문과 학대를 받았으나, 그는 훗날 '간수들은 나에게 고문하고 음식을 주지 않을 수도 있었다. 그러나 그들은 내 생각을 결코 통제할 수 없었다'고 말했다. 그래서 그는 죽음의 수용소에서도 자신의 존재가치를 생각하고 활기차게 생활할 수 있었다. 가치 있는 생각이 얼마나 귀중한 것인가를 실증적으로 보여 주고 있는 사례이다. 가치 있는 것을 생각하는 데 있어서 지나온 추억만큼 귀한 것은 없을 것이다.

지금 생각해 보면 그 시절에 나는 경제적인 어려움은 있었지만 따뜻하게 보살펴 주신 부모님의 슬하에서 외롭지 않은 생활을 하면서 가치 있는 생각을 하며 자랐다. 더불어 아름다운 자연을 벗 삼아 깨끗하고 맑은 공기를 마시고 살았다. 그때 벗 삼았던 관악산의 한 줄기인 호암산과 그 뒤로 높게 펼쳐진 삼막산이 있었다. 나는 이 산에서 봄, 여름, 가을, 겨울을 친구들과 함께 보냈는데 봄에는 진달래와 개나리가 만발했었다.

나는 산에 올라가서 산기슭에 있는 약수를 마시고, 이제 막 풀 속에서 뛰노는 새끼 메뚜기를 잡으러 이리저리 열심히 뛰어다니다가 사마귀를 보면 깜짝 놀라곤 하였었다. 하지만 개미는 놀이거리였다. 부지런히 일하는 개미들을 보고 어려서부터 열심히 일하는 것이 마땅하다는 생각을 하였다. 자기 몸집보다 큰 먹이를 끌고 가려고 애쓰는 개미와 그 개미를 돕고자 달려드는 동료 개미들을 보면서 근면함과 협동하는 것이 얼마나 가치 있는 일인가를 알 수 있었다. 주일이나 방학 때는 산을 두 고개 넘어서 홍수를 막기 위해 산 아래 계곡을 막아 마치 수영장처럼 만들어 놓은 계곡으로 수영을 하러 다녔다. 그때 나와 친구들은 도시락을 싸서 갔는데 거의 얼갈이김치, 열무김치만 싸 가지고 갔었다.

만일 그중에서 고추장에 볶은 멸치를 싸 가지고 온 친구가 있으면 무척 고마운 마음이 들었다. 그래도 수영한 후에 먹었던 밥과 신김치 맛은 지금도 잊지 못하는 최고의 식사였다고 생각한다. 지금 생각하건대 자연 속에서 뛰놀던 때를 생각하면 옛 시조가 떠오른다.

산절로 수절로
산수간에 나도 절로
그 가운데 절로 자란 몸이
늙기도 절로 하리라.

풍성한 자연이 가난한 생활에 환경적으로 도움이 되었다면, 정신적으로 빈곤하지 않았던 것은 매주간 수요일과 주일에 다닌 교회생활을 통해서 가능했다. 교회에서 수요일에는 찬양예배와 동화시간이 있었고, 주일 오전에는 예배와 성경공부, 오후에는 예배와 레크리에이션을 포함한 다양한 2부 순서를 가졌다.

그곳에서 나는 주일학교 선생님들의 지지와 사랑을 받으며 성장하였고, 그것이 내 자신과 삶을 가치 있게 생각하게 하는 원동력이 되었다고 생각한다. 그 당시 나는 교회예배에 참석하면서 내가 왜 사는가에 대한 존재의 이유를 알게 되었다. 즉, 내가 사는 목적은 하나님을 영화롭게 하기 위함이고, 사람 낚는 어부가 되어 전도하기 위함이었다. 그리고 자기의 이해관계와 상관없이 어려운 사람을 돌봐 주었던 선한 사마리아인같이 살다가 최종적으로 천국에 가기 위함이라는 사실을 알게 되었다.

2. 고운 빛 유리알

1) 자카르타 바닷가

나는 지금 바닷물이 머물다가 나가는 한적한 포구에 위치한 조용하지만 정이 없는 아파트 단지 집에서 평소에 즐겨 보는 여행방송 '걸어서 세계 속으로'를 시청한다. 마침 인도네시아의 푸른 바다가 화면에 펼쳐지자 적적한 방 안이 푸른 물결로 환하게 밀려왔다. 바다 위에 집을 짓고 사는 수상가옥의 아이들이 햇볕에 검게 그을린 모습으로 천진난만하게 수영을 하고 놀고 있다. 아이들 사이로 내 어릴 적 고향마을에서나 볼 수 있었던 시골 아낙네 같은 아이엄마들의 모습이 정겹다. 먼 이국에 살고 있는 이름도 모르는 저들의 삶을 보고 내가 정겨움을 느끼는 것은 왜일까?

그 답은 넉넉한 생활은 아니지만 바다 속에는 언제나 하루 먹을 양식이 있는 풍부, 순수, 편해 보이는 웃음 그리고 대자연 속에서 사는 사람만이 가질 수 있는 여유가 그들에게서 느껴지기 때문이리라. 나는 스스로 자문자답을 하였다. 푸른 하늘에 조각구름이 하늘 사이로 느리게 흘러가고 꽃밭에는 연분홍 라일락 꽃봉오리가 살짝 움튼 것처럼 그곳은 시간이 느리게 흐르는 듯하였다.

이튿날 아침 나는 인도네시아로 가기 위해 베이지색 캐리어에 옷가지를 집어넣었다. '도피라고 한다면 도피고 휴식이라면 휴식이다. 어떤 경우든 남아 있는 사람들이 보기에 따라 각자 달리 생각하겠지…….'

사실 내가 오지처럼 문명과 멀어져 보이는 인도네시아로 무작정 떠나려 하는 것은 오래전부터 동경하던 일을 행동으로 옮기고 있는 것이다. 내가 동경하는 것은 할리우드에서 만든 영화에서 종종 등장하는 장면이다. 파도에 밀려 해안가로 떠내려온 표류자에게 동남아의 아름다운 아가씨들이 예쁜 미소로 다가와서 오색의 화환을 그의 목에 걸어 주는 것이었다. 여러 영화에서 이 같은 장면이 자주 등장하는 것은 아마도 세상살이에 지친 모든 남자들의 로망을 반영한 것이라 생각해 본다.

인도네시아로 떠나려고 하는 또 하나의 이유는 실직으로 인한 가정 불화로 복잡해진 머리를 식히는 데 그만한 곳이 없기 때문이다. 하나를 굳이 더 말하자면 현대사회에서 인성이 결핍된 인간들로부터 받은 상처를 치료하고자 떠나는 것이었다. 신입사원 시절 나는 회사에서 안 좋은 일이 있으면 퇴근 후 집으로 들어서면서부터 표정이 바뀌고, 아내에게 회사생활에 대한 불평을 늘어놓았다. 아내는 한 3년 정도는 내가 하는 불평을 잘 들어주고 같은 편이 되어 다정한 말로 나를 격려해 주었다.

그런데 세월이 흘러 아이들이 초등학교에 들어가고부터는 반응이 약해지기 시작했다. 나는 아내의 태도에 대해 아랑곳없이 언제나처럼 직장에서 안 좋은 일을 겪으면 집으로 돌아와서 "때려치우던지 해야겠어! 정말 어이없어……" 하며 화를 냈다. 하지만 아내의 표정은 여전히 무표정하였다. 전 같으면 놀라서 나를 달래었는데 그러지 않았다. 한두 번은 자신도 세상을 살기가 힘드니 그렇겠지 넘겨 버렸지만, 그런 날들은 그 후로도 계속되었다. 나는 더 이상 아내가 내 편이 되어서 얻게 되는 위안을 가질 수 없게 되었다.

지금 생각해 보니 아내에게 한 투정은 중학교 다닐 때 내 무의식 속에 잠재된 나쁜 성격이었다. 그 시절 나는 아침에 일어나서 등교준비를 할 때 엄마에게 왜 늦게 깨웠느냐는 둥 괜한 성질을 부렸다. 그런 나를 보다 못한 아버지가 어느 날 크게 화를 내시며 호되게 야단을 치셨다.

- 야~ 이 자식아, 너 뭐하는 거야? 네가 이 집의 왕이야 뭐야, 왜 엄마한테 그래.

그날 이후 멈추게 된 나의 못된 습성이 결혼 후 처자식을 먹여 살린다는 명분하에 다시 드러난 것이었다. 마치 듣지 못하는 귀머거리가 된 것처럼 미동도 하지 않던 아내의 태도, 그 모습을 보는 나도 언젠가부터 아내에게 꼭 필요한 말 이상의 말을 걸지 않았다. 아름다웠던 젊은 날의 사랑이 가족을 위해 돈벌이에 몰입하는 동안 나도 모르게 사라져 갔다. 곰곰이 생각해 보면 내심 무관심을 예측하였지만, 그래도 나는 아내를 믿었다.

아내와 이혼을 한 후 가족들과 떨어져서 긴 세월을 혼자 살다 보니 그런 행동은 아직 자아가 성장하지 못한 성인 아이의 행동이었다는 걸 깨달았다. 내면의 자아가 미성숙한 성인 아이의 투정에 아내의 마음은 건조해져 갔고, 화장기가 거의 없는 무채색의 얼굴은 희망의 빛을 잃어 갔다. 그 모습을 보는 나는 내 무능력을 탓하고 있는 것 같아 더욱 트집을 잡아 싸움을 걸었다. 싸우는 것이 무거운 침묵보다 났기 때문이었다. 이제 그 모든 것을 뒤로하고 신용등급이 낮아서 연이자 29.9%인 M 카드사 캐피탈에서 받은 고금리 대출을 힘겹게 다 갚고, 이제 몇 개월 밀린 신용카드 빚만을 남긴 채 월세방을 벗어나서 인천국제공항으로 가는 버스를 탔다. 지난날을 후회하고 되돌리기에는 이미 너무 많은 시간이 흘러 버렸다.

2) 원시의 향기

인도네시아 자카르타 공항에 도착했다. 부슬비가 내린다. 미처 우산을 준비해 오지 못한 나는 갈색 야구 모자를 푹 눌러쓰고 바닷가로 가는 버스에 올라탔다. 낯선 버스를 타고 한참을 가다가 멀리 바다에 떠 있는 수상가옥을 보고 황급히 버스에서 내렸다.

떠나가는 버스를 뒤로하고 한적한 수상마을을 향해 천천히 걸어갔다.

그런데 우기라서 그런지 갑자기 지금까지 조용히 내리던 보슬비가 우르릉~ 천둥소리와 함께 소나기로 변해서 온몸에 쏟아붓는다. 소낙비를 맞으면서 하염없이 걸어가다가 문득 황순원 작가의 단편소설 『소나기』가 생각났다. 하지만 씁쓸할 뿐이다.

소나기를 회상하고 씁쓸해하는 것은 근래 들어서 있는 일이다. 소나기! 움막집, 보라색 옷을 입은 소녀, 비둘기의 눈과 같이 맑은 눈, 한국 여성의 순정은 소나기처럼 이미 오래전에 지나가 버린 이야기 같다.

"무슨, 조선시대도 아니고……."

한국에서 아내와 낯선 여자들에게서 어렵지 않게 익히 들어 본 말이 귓전을 때린다. 다시 한번 씁쓸한 미소를 짓는다.

한 여자가 초록의 바다 위에 세운 집에서 웃으며 내게 손짓을 한다. 낯선 외국인이 비를 맞고 걸어가는 것이 안쓰러워 보였나 보다. 나는 갈 곳이 마땅치 않았기에 그녀의 손짓에 이끌려서 그녀의 집 앞에 섰다. 초롱초롱한 눈동자를 한 남녀 아이들이 외국인을 보고 신기한 듯이 연신 '싱글벙글' 바라본다. 아이들 떠드는 소리를 듣고 안에서 백발을 한 할머니 한 분이 근엄한 표정을 하고 나를 바라보았다. 순간 나는 긴장했다.

그런데 일순간 긴장한 내 표정을 보고 안심을 시키려는 듯 할머니는 좀 전의 근엄한 표정을 달리하고 밝은 미소를 지으며 두 손을 벌려 안으로 들어오라며 손짓을 했다. 갈대로 지은 오래된 집 안으로 들어서자 나무 바닥에 놓인 양동이 안으로 빗물이 박자를 맞춰서 '똑 똑 똑' 떨어지고 있었다. 아주 오랜 기억 속에 남아 있는 정겹고도 아련한 박자다. 그 옆 화덕 위에 놓인 반쯤 물이 담긴 양동이 아래로 장작이 활활 타오르고 있다. 양동이에서 연신 올라오는 하얀 수증기로 집 안이 제법 훈훈하였다. 녹색의 넓고 두꺼운 갈대 잎으로 만든 움막에서 나는 갈대 냄새와 바다 냄새가 풍기는 원시의 향기를 마신다.

그녀가 검게 그을린 큰 솥에서 양철 그릇으로 뜨거운 물을 푸더니 커피를 한 잔 타서 내게 다정히 건넸다. 비를 맞아서 몸이 '으슬으슬' 하던 참에 뜨거운 커피 한 모금을 목으로 넘기자, 따뜻한 물이 배 속을 덥히면서 피로가 '스르르' 풀려 갔다. 도시에서 두 번 정도 마신 적이 있는 스타벅스의 커피 맛보다 향이 진하고 맛이 깊다. 다시 한 모금 마시고 커피 맛을 음미하다가 지난날 집에서 아내가 마시던 봉지커피 생각이 났다. 아내는 봉지커피를 하루에 세 잔 마셨다. 융자금, 전기세, 가스비, 수도세 등 온갖 세금과 자식들 교육비와 생활비로 살림이 넉넉하지 못했기에 스타벅스 커피는 아내에게 있어서 하늘에 떠 있는 별이었을 것이다.

커피를 한 모금 더 마시고 그녀를 본다. 해맑은 표정의 여자는 가꾸지 않은 머리카락과 화장기 없는 얼굴을 하고 "어때요. 맛이 있나요?" 말하는 듯 미소를 짓고 맑은 눈동자로 나를 본다. 이국에 와서 헤어진 아내를 보는 것 같다. 지금은 사라져 버린 신혼 시절 아내의 맑은 눈동자와 밝은 미소를 회상하니 가슴이 먹먹해진다. 세상살이에 대해 하소연을 들어줄 사람이 아무도 없는 외딴 바닷가에서 나는 녹색의 바다로 시선을 돌렸다. 비가 그치자 마을 주민들이 한 사람, 두 사람 집 밖으로 나와서 카누 안에 고인 물을 퍼내었다.

"내 마음의 슬픔도 저렇게 퍼낼 수 있으면 좋으련만……. 다 부질없지."

나는 식사를 하면서 그녀가 과부인 것을 알게 되었다. 남편은 고기잡이를 하다가 태풍을 만나서 3년 전에 죽고 그녀가 가장이 되어 고기잡이를 하면서 가정을 돌보고 있었다.

나는 친절을 베푼 여자에게 인사를 하고 밖으로 나왔다. 녹음이 짙은 바닷가 마을을 보고 반한 나는 이 마을에 며칠 더 머물기로 하고 묵을 집을 찾아 나섰다. 그다지 크지 않은 마을이라 이곳저곳 발품을 팔다가 허름한 호텔 하나를 발견했다. 호텔 카운터로 가서 계산을 하고 커다란 여행 가방을 들고 삐걱거리는 계단을 한 계단씩 밟고 올라가 룸으로 들어갔다. 단정하게 시트가 덮여 있는 침대를 보고 곧바로 침대 위에 몸을 던져 눕자 이내 잠에 빠져들었다.

꿈에서 이혼한 후 우연히 만났다 슬프게 헤어진 여자가 유혹의 미소를 짓고 팔을 벌렸다. 하지만 나는 그녀의 품에 안기지 않고 꿈에서 깨어났다. 노란빛의 낮은 천장과 엔틱 스타일의 브라운색 탁자 위에 놓인 연한 붉은 조명이 그녀 때문에 생긴 내 마음의 아픈 상처를 조여오는 듯했다. 그녀의 복잡한 애정관계를 알게 된 나는 더 이상 그녀와 함께 미래를 약속할 수 없다고 판단했다. 마음을 추스르고 창가로 가서 해 저무는 바닷가를 바라보았다. 주차장에서 하얀 블라우스에 남색 진바지를 입은 금발머리의 백인 여자가 LOUIS VUITTON 핸드백을 들고 BMW 승용차에 올라탔다. 그때 승용차 옆 꽃밭 사이로 꽃뱀 한 마리가 기어가는 것이 눈에 띄었다. 그 여인이 든 명품 핸드백을 보니 루이비통 중고 핸드백을 사겠다는 아내에게 '쓸데없이 남이 쓰던 가방을 뭐 하러 사냐?'고 통명스럽게 말한 것이 기억이 났다. 그리고 프랑스로 여행을 갔을 때 한국을 떠나기 전 마지막 통화를 한 그녀가 사

오기 원했던 구찌 핸드백을 무리하게 사서 선물한 일이 떠올랐다. 애지중지하며 사 온 구찌 핸드백이 루이비통 핸드백으로 바뀌었을 즈음, 그녀는 이미 또 다른 남자를 만나고 있었다. 허탈한 마음에 하늘을 바라보니 총명한 별들이 밝게 빛나고 있다.

그 하늘에서 별 하나가 꼬리를 물고 바다 저편으로 떨어진다. 별을 바라보다가 '내가 이곳에서 뭐 하고 있는 거지?' 문득 처량한 생각이 들었다. 하지만 이내 바라본 꾸미지 않은 자연 그대로의 바다가 다시금 내 마음을 편안하게 한다. 바다는 아픈 내 마음을 편하게 감싸 주는 신비함이 있다.

3) 카누

늦도록 잠을 자고 일어난 나는 할 일 없이 바닷가로 '터벅터벅' 걸어 나가보니, 어제 만났던 수상가옥에 사는 여자가 카누 위에 앉아서 손을 흔들어 주었다. 수년간 나를 보고 반갑게 손을 흔들며 아는 척을 하는 여인을 본 적 없는 나로서는 그녀의 행동이 조금은 생소했지만 얼어붙은 마음 한편에 살며시 봄바람이 불어오는 것을 느낄 수 있었다. 그녀가 손짓하는 카누가 있는 곳으로 나는 발걸음을 옮겨 걸어갔다. 그녀가 힘차게 노를 저어 둑에 카누를 대었다. 여름 햇볕에 그을린 그녀의 기다란 잿빛 팔 근육이 인상적이었다.

그녀의 가늘지만 다부진 손을 잡고 카누에 아슬아슬하게 올라가서 자리를 잡고 앉자 그녀는 다시 능숙한 솜씨로 노를 저어 초록 바다 위를 가른다. 한참을 지나 작열한 태양 빛에 반짝거리는 카누들이 여기저기 떠다니는 바다 한가운데에 도착했다. 강렬한 햇볕에 검게 그을린 아이들이 줄낚시를 바다에 던지며 연신 고기를 낚아 올린다. 여자도 낚싯줄을 바다에 던져서 고기를 낚아 올렸다. 그녀가 웃으며 내게도 낚싯줄을 건넨다.

나는 길고 가느다란 새하얀 낚싯줄을 잡고 힘껏 바다를 향해 던졌다. 낚싯줄이 살풀이하듯이 공중에서 하늘거리다가 바닷속으로 풍당 떨어졌다. 얼마 지나지 않아 물고기가 걸렸는지 낚싯줄이 팽팽해졌다. 얼른 줄을 당기자 등 푸른 물고기 한 마리가 달려 올라왔다. 나는 물고기가 도망갈세라 빠르게 손으로 물고기 몸통을 잡고 입에 걸린 낚싯바늘을 조심스럽게 빼냈다. 희미한 눈동자를 한 물고기를 물통에 던질 때 하얀 햇살이 물고기의 비늘 위를 스치며 수많은 조명처럼 화려하게 빛을 발했다.

조금 전까지만 해도 보석처럼 빛나는 물빛을 받으며 자유롭게 헤엄치며 놀았던 물고기의 자유가 사라지는 순간이었다. 그 순간 나는 이런 생각이 들었다. '음! 사람들이 이래서 방생이라는 것을 하는가 보다.'

하지만 지금 나는 방생할 만한 삶의 여유가 없다. 지금 내게는 이 여인이 일용할 양식을 준비하는 데 도울 의무만이 있는 것이다. 아니, 이 물고기가 오늘 나의 일용할 양식이 될 수 있다고 생각하니 더욱 낚시에 열중하였다. 그러자 기억 저편에 마른 빵을 앞에 두고 하나님께 감사의 기도를 하던 농부의 그림이 떠올랐다.

오랜 세월 잘 다니던 직장에서 어느 날 갑자기 감원 바람이 불더니 얼마 못 가서 졸지에 실직하게 된 나는 얼마 남지 않은 돈이 다 떨어져서 군덕내가 풍기는 김치와 오래 묵은 쌀을 씻어서 밥을 해 먹은 적이 있었다. 그날 나는 이런 음식이라도 먹을 수 있는 게 정말로 감사하여 맛있게 먹었다. 그날 나는 마른 빵을 앞에 두고 하나님께 감사의 기도를 한 농부의 마음을 이해할 수 있었다. 그것조차 없었더라면 그날 라면으로 세끼를 해결해야 했었다.

20대에는 젊어서 라면을 한 번 끓일 때 두세 개씩 끓여서 먹었는데, 어찌 된 것인지 나이가 40대가 되고 보니 라면 하나를 끓여 먹어도 짠 맛과 쓴맛이 났다. 입맛이 변한 것인지 몸이 음식을 받아 주지 않는 것인지 알 수 없는 노릇이지만, 기름에 튀긴 모든 음식을 그다지 좋아 하지 않게 되었다. 하지만 핫도그는 가끔 먹어도 무의식과 의식에 강 력하게 내장되어 있는 내 기억으로 인해 항상 맛이 있었다. 그것도 케 첩을 묻혀서 먹는 것은 별로 맛이 없고 백설탕을 묻혀서 먹을 때 그러 하였다.

나는 그 이유가 어린 시절의 체험에서 기인한 것을 알고 있다. 어릴 적 내가 살았던 동네에는 나보다 세 살 위인 6학년 형이 있었다.

그 형은 소년가장으로 나이에 비해 나보다 키는 작았지만 야무진 데가 있었다. 그 형이 어느 날 혼자 시험지를 돌리는 일이 심심했는지 시험지를 돌릴 때 따라다니라고 했다. 그 형이 시험지를 다 돌리고 집 으로 가다가 사 준 간식이 핫도그였다. 처음 먹어 본 핫도그는 그 맛 이 정말 끝내줬다.

입안 가득히 살살 녹는 맛에 소시지 향이 그윽하였고 배 속으로 내 려갈 때 위에서 미세한 경련이 일었다. 이름도 전에 들어 본 적이 없 는 생소한 '핫도그!' 나는 이 음식이 미국에서 건너왔을 것으로 추측했 는데, 예상대로 역시 미국에서 벤치마킹한 음식이었다. 그 맛에 반해 서 나는 미지의 먼 나라 미국을 동경하게 되어 TV에서 방송되는 타 잔, 육백만 불의 사나이, 원더우먼, 소머즈, 전투 등과 주말의 영화 등 에 푹 빠져 살았다.

나는 성인이 되어서 미국인들이 개인주의로 인해 외로움과 고독을 견디지 못하여 술과 마약으로 방황하는 사람들이 많다는 것을 알게 되 었다. 하지만 그들의 모험과 도전정신은 내게 있어 세상을 살아가는 데 자양분이다. 그래서 나는 지금 아무 연고도 없는 이곳으로 혼자 여행을 왔으리라. 그녀와 함께 낚시를 한 지 30분 정도 지나자 하루 먹을 양식이 넉넉히 준비되었다. 여자의 집으로 가서 방금 막 잡아 온 생선을 구워 밥을 먹었다.

한국에서 먹었던 조기 맛보다 고소했다. 여자가 생선을 먹기 좋게 발라서 내 그릇에 얹어 주었다. 신혼 시절 생선을 발라서 준 아내의 정성이 그녀의 손길에서 느껴졌다. 아주 오래된 기억을 한국과 수천 마일 떨어진 수상가옥에서 추억한다는 것은 너무 늦은 감이 있다. 하지만 아직 내가 살아 있기 때문에 느낄 수 있는 감정이다. 지금 나는 이 세상에 살아 있는 것이 행복하다. 바닷바람이 바닷속 깊이 해초까지 감싸 안고 올라와서 내 콧속을 간질거린다. 바닷바람을 맞으며 막 구운 생선을 먹으니 나는 마치 어부가 된 기분이 들었다. 내가 맛있게 먹는 것이 보기 좋았는지 여자가 더 먹으라고 생선 두 마리를 발라서 접시 위에 놓았다.

가족과 함께 식사를 하던 기억이 가물가물한 내게 이들은 마치 내 가족과 같은 기분이 들었다. 맛있는 식사를 마치고 고마운 마음에 돈을 건네자 여자는 아니라고 손사래를 쳤다. 이방인에 대한 호의를 여자의 눈에서 보았다. 그래도 나는 고마운 마음에 그냥 나올 수가 없어 허리백 안에 있는 볼펜과 수첩을 꺼내 아이들에게 나눠 주었다. 여자는 그 선물은 거절하지 않았다. 아이들이 신나서 까르르 웃는다. 선물을 준다는 것은 받는 것보다 즐겁다.

한결 기분이 좋아져서 호텔로 돌아오는 길에 인도 옆으로 금발머리 여인이 BMW 오픈카를 타고 '획' 하고 스쳐 지나갔다. 검정색 선글라스를 쓴 여인을 보자 선글라스를 사고 싶어 하던 아내에게 핑크색 선글라스를 사 준 기억이 났다. 검정색이 아니라 싫다고 받지 않던 아내는 잠시 후 마음을 바꿨는지 다시 달라고 하였다. 핑크색 선글라스를 낀 아내는 아름다웠다. 그런데 며칠 후 아내는 검정색 선글라스를 사 왔다. 검정색 선글라스를 산 그날 이후로 아내의 외출이 잦아져만 갔다.

4) 쇼스타코비치 왈츠 2번 곡

방에 들어서자 아직까지 이국적인 인테리어로 만들어진 방이 낯설게 느껴졌다. 한국의 호텔이나 시골 여관처럼 허름한 방이지만 원목으로 된 커다란 침대에 누워서 스마트폰 갤러리에 있는 여행사진을 보았다. 파리 여행 때 본 베르사유 궁전에 있는 정원의 분수대가 보였다. 녹음이 짙은 정원에 있는 시원한 분수대의 물줄기가 하늘을 향해 솟아오르는 광경을 배경으로 결혼기념 사진을 찍던 중년의 프랑스 남녀의 모습이 생각났다.

그날 나는 검정 연미복에 하얀 턱시도를 받쳐 입은 점잖은 중년의 남자와 푸른 눈을 가진 기품 있어 보이는 아름다운 신부가 하얀 웨딩드레스를 입고 촬영을 하는 모습이 무척 부러웠다. 그날 그 정원에서 사랑하는 여자와 함께 웨딩사진을 찍고 싶었던 나의 소원은 지금은 그 분수대의 물거품처럼 모두 사라져 버렸다.

다음으로 본 사진은 몽마르트 언덕 뒤편 테르트르 광장의 한 상가 앞에서 손님을 불러 모으기 위해 긴 타원형으로 된 3개의 봉을 끊임없이 돌리며 묘기를 부리던 흑인 남자의 모습이다. 그날 이방인인 내가 본 흑인 남자의 두 눈에는 세상살이의 서러운 눈물이 어른거려 있었다.

영국의 버킹검 궁전 사진을 보니, 궁전 건너편 길가에서 가판매점을 하던 영국 남자의 얼굴이 생각났다. 마치 영국의 배우처럼 잘생긴 그의 두 눈에서도 파리에서 본 흑인 남자와 같은 삶의 고단한 슬픔이 묻어 있었다. 이른 아침 파리 호텔에서 객실들을 청소하다 나와 복도에서 마주친 뚱뚱한 흑인 여자들의 가난에 지친 서러운 눈망울도 생각이 났다. 그녀들은 뿌리에서 보았던 하녀들처럼 검정 원피스 위에 레이스가 달린 하얀 앞치마를 두르고 있었기에 더 안쓰러워 보였다. 나는 그 사람들의 모습을 보며 어려운 사람들은 부유한 나라에도 있다는 사실을 새삼 눈으로 확인하게 되어 안타까워한 기억이 났다. 나는 지금 내 눈도 그들의 눈과 비슷할 것이라 생각했다.

하지만 그녀들처럼 가난한 수상가옥의 여자에게서는 그런 슬픔의 눈망울을 찾아볼 수 없었다. '대자연 속에 그녀의 슬픔이 모두 녹아 버린 것 같아!' 나는 해답을 찾은 학생처럼 마음이 따뜻해졌다. 자연 속에서 살았던 내 어린 시절은 가난하지만 맑은 공기와 따뜻한 햇살 그리고 깨끗한 물로 행복했었다. 어린 시절을 회상하다 보니 먹고살기 위해서 직장생활에 올인 하여 살다가 멀어져 간 친구들의 얼굴이 하나 둘 떠올랐다.

"그들과 이곳에 같이 왔다면 즐거운 여행이 되었을까?"

그러나 한국에서 직장인, 자영업자로 힘겨운 삶을 살고 있는 그들의 얼굴도 나만큼이나 지친 모습으로 변했고, 그 변한 얼굴만큼이나 성격과 삶의 가치관도 변한 것을 생각하니 마음이 아파왔다.

사는 게 뭔지! 인생이 뭔지! 그래도 이곳에 그 친구들과 같이 있다면 마음을 터놓고 얘기를 나눌 수는 있을 것 같았다. 그들과 웃고 떠들며 밤새워 이야기를 나누었던 추억이 아름답다.

나는 지금 마치 아내와 어린 자식을 버리고 남태평양 작은 섬 타이베이로 가서 평생토록 그림을 그리며 한 번도 가족을 찾지 않은 고갱이라는 남자와 쿠바로 가서 홀로 글을 쓰며 삶을 이어 가다가 자살로

생을 마감한 헤밍웨이의 고독을 헤아려 본다. 검푸른 바다가 보이는 한적한 방 안에 누워 있는 나는 그들처럼 고독한 생활이지만, 살아야 할 의미를 발견하려는 노력을 해야 할 것이다.

그런데 오랜 시간 누군가와 정감 어린 말을 나누지 못하고 산다는 고독이 고통스럽다. 이런 내게 간단한 말이지만 수상가옥에 사는 여자와의 대화는 나를 죽을 만큼 고독하지는 않게 하였다.

밤이 깊어 갈수록 어제 옆방에 투숙한 연인이 사랑을 속삭이는 목소리가 간간이 들려왔다. 한 번도 사랑하는 여인과 여행을 떠나 본 적이 없는 나로서는 그들이 그저 부러울 뿐이다. '부러워하면 지는 것이 다'라는 말이 있는데, 나는 지는 것 이전에 부러워할 수 있는 내 감정이 소중하기에 부러워하겠다.

그때 갑자기 어디선가 "타앙, 타앙~" 고요를 깨는 총소리가 들려왔다. 잠시 후 "아악~" 하는 사람의 비명 소리가 정적을 깼다. 얼마 지나지 않아 탁자 위의 전화벨이 "따르릉, 따르릉, 따르릉" 요란하게 울렸다. 나는 놀란 마음을 진정시키고 수화기를 들자, 공포에 질린 여자 목소리가 들려왔다.

- 호텔 직원입니다. 호, 호텔에 강도가 침입하여 돈을 빼앗아 달아 났습니다. 지금 경찰이 오고 있으니 안심하세요.
- 네, 알겠습니다.

나는 황급히 호텔 로비에 나와 보니, 한국인으로 보이는 한 여자가 경찰과 동시에 들이닥친 구급요원의 손을 잡고 "제발 살려 주세요. 죽으면 안 돼요" 하며 애원하고 있었다. 그 모습을 보고 같은 한국 사람으로 그냥 보고 있을 수 없었던 나는 그녀 곁에 가서 조금이나마 위로의 말을 해야 했다.

- 저도 한국인입니다. 혹시 제가 도울 일이 있으면 돕겠습니다.

그녀는 아무 말이 없이 고개를 끄떡였다. 눈물을 흘리던 그녀가 나를 바라보았을 때, 그녀의 눈동자가 맑다는 생각을 했다. 며칠 후, 그녀가 호텔로 나를 찾아왔다. 사연인즉, 애인의 장례식을 마친 후 갈 곳이 없게 되어 그래도 한국 사람인 내가 의지가 되어 도움을 청하러 왔다고 말했다. 그리고 그녀는 죽은 인도네시아 남자와 있었던 자신의 사연을 말했다.

그녀는 한국에서 이혼을 하고 슬픔을 달래려고 자카르타에 온 지석 달이 되었고 석 달 전에 사고를 당한 인도네시아 남자를 만나 사랑하는 사이가 되었다고 했다. 이혼의 아픔을 잊고 그 남자와 행복하게 사랑하며 살아갈 날만 있을 줄 알았던 그녀에게 그날의 사건은 청천벽력 같았을 것이다.

그날로 나는 그녀와 한 방에서 함께 지냈다. 누가 먼저 원해서가 아니라 경제적인 이유 등 상황이 자연스럽게 우릴 그렇게 만들었다. 같이 지냈지만 내 몸과 마음이 그녀를 자연스럽게 받아들이지는 못했다. 서로 의지가 되어 한 방에서 지냈지만 한 달이 가도 마찬가지였다.

결국 그녀는 자신에게 마음을 열지 못하는 내 곁을 떠나겠다고 선언을 했다. 여자로 인한 시련의 상처는 여자로 치료가 된다고 하지만, 내 상처는 치료가 되기에는 너무 깊었다.

- 어디, 갈 곳은 있어요?
- 돌아갈 거예요.

- 어디로요?
- 한국으로요.
- 한국에 누가 있어요. 기다리는 사람이라도 있나요?
- 아뇨. 기다리는 사람은 아무도 없어요. 작년 말까지만 해도 서울에 엄마가 계셨었는데 돌아가셨어요. 그녀의 두 눈에 눈물이 글썽거렸다.
- 저런, 안됐군요. 한국에서 기다리는 사람이 없다면서 한국에는 왜 갈려고요?
- 기다리는 사람은 없지만 보고 싶어요.
- 누구를…….
- 사람이 아니라 한국의 거리요. 그리고 산, 강, 바다 그리고 실컷 먹고 싶어요. 열무김치, 동치미, 된장국, 삼겹살, 떡볶이, 순대, 튀김…….
- 하하하. 누가 들으면 며칠 굶은 줄 알겠어요. 혹시 향수병 걸린 거 아닌가요?
- 아니, 그 정도는 아니고요. 그리워요. 우리나라가…….
- 음! 할 수 없죠. 그렇게 보고 싶다면 한국으로 돌아가야죠.

나는 그녀를 붙잡을 수 없다. 그녀가 떠나는 날 노란색 희미한 조명이 비추는 어두운 복도를 지날 때 호텔 어디선가 쇼스타코비치의 어둡고 우울한 왈츠 2번 곡이 들려왔다.

"딴따다단 따라라라라~라다, 루르르르 루르르루르~."

그녀는 돌아갔고 나는 아직 아무도 아는 사람이 없는 이곳 조용한 바닷가 호텔에 이방인으로 남아 있다. 한국으로 돌아간 후 한 달이 넘도록 그녀에게서 아무런 연락이 없다. 나는 밖으로 나와서 바닷가 둑을 걸었다. 그때 카누 하나가 내 곁으로 다가왔다. 수상가옥의 그녀가 나를 보고 밝게 웃는다.

갈색 피부에 건강한 모습을 한 그녀의 맑고 밝은 미소가 좋다. 가까이 다가가자 날 바라보는 그녀의 눈동자가 빛난다. 나는 그녀와 함께 카누를 타고 저 멀리 바다 한가운데까지 하염없이 흘러가고 있다. 바다가 보랏빛으로 출렁이며 은빛 물결을 이룬다.

5) 고운 빛 유리알

바닷가에서 돌아온 그녀가 제공하겠다는 아침식사를 사양하고 호텔로 돌아온 나는 호텔 식당 안으로 들어가서 음식값을 선불하고 주문한 음식을 먹었다. 수상가옥에서 그녀의 가족들과 함께 식사할 때의 즐거웠던 분위기가 없는 것이 조금 아쉽지만 그럭저럭 간편하게 아침식사를 해결하는 것으로 만족하였다. 식사를 하면서 나는 언제나처럼 식당 벽에 걸린 텔레비전을 바라보았다.

마침 아침뉴스가 방송되고 있었다. 그때 뉴스에서 비행기가 불시착한 화면이 보였다. 인도 뭄바이에서 출발한 인도 항공사 비행기가 하이데라바드 공항에 불시착한 사고였다. 사고기가 화염에 휩싸이면서 기체 안에 있던 212명의 승객들이 피해를 입어 중상자가 많이 발생하였다는 보도였다.

그때 나는 중상자 중에서 한국인이 있다는 보도를 듣고 더욱 관심을 가지고 뉴스를 지켜보았다. 부상자 명단에 한국인 "Lee Min Jeong" 이라는 이름이 자막에 나왔다.

"이민정."

나는 무심결에 이름을 입으로 되뇌었다.

- 그래, 이민정!

나와 함께 이곳에서 지내다가 서울로 간 그녀의 이름과 동명이었다.

- 설마!

나는 내가 아는 그녀가 아닌 동명이인의 다른 여자일 것이라 생각하였다. 그런데 왠지 조금은 걱정이 되었다. 그것은 이곳에서 그녀가 나와 함께 있을 때 한 말 때문이었다.

- 기회가 되면 인도에 가 보고 싶어요.
- 뜬금없이, 인도는 왜?
- 나랑 비슷한 처지에 있는, 아니 나보다 더 고통스럽게 사는 인도 여자들이 마치 친한 친구처럼 느껴져서요.
- 인도 여자들에 대해서 잘 알아?
- 알긴요. 호호호 TV나 잡지를 보고 인도 여자들의 삶을 알게 되었는데, 사는 게 참……
- 하긴, 인도 여성들은 삶 자체가 고통인 경우가 많아. 그래도 과거에 비하면 많이 좋아진 거래. 과거에는 남편이 죽으면 가족들의 강요로 화장하는 굴로 들어가는 경우도 있었대.
- 어머 끔찍하다. 근데 그런 것 강요하면 법에 걸리지 않나요?
- 법에 걸리니까 남들 모르게 여자들에게 압력을 가했겠지. 조선시대 때 집안에 어른들이 열녀문 받기 위해 과부 며느리에게 자살을 종용하는 것과 비슷한 거지 뭐.
- 거부하면요?
- 거부하면 집안에서 추방되어서 거리를 떠돌며 살아간대.
- 음. 그렇구나! 어쩐지 난 인도 여성들을 보면 왠지 내 처지랑 비

숫해 보였어요.
  - 그렇구나!

  그녀와의 대화를 회상하면서 나는 그녀가 혹시 인도에 간 것이 아닌가 생각한 것이다. 그럴지라도 아마 아닐 것이라 생각하고 잠자리에 들었다.

  이튿날, 휴대폰으로 알 수 없는 번호로 국제전화가 왔다. 그리고 나는 예상치 않은 말을 들었다.

  - 홍현우 씨인가요?
  - 네, 그렇습니다. 어디신가요?
  - 네, 저는 인도 항공사에 근무하는 한국인 직원 심은하입니다.
  - 인도라고요?

  인도라는 말에 내 머리를 스치고 지나가는 생각이 났다. 인도 항공사 비행기의 사상자 명단의 이민정……

  - 인도 항공사에서 내게 어떤 일로 전화를 주셨나요?
  - 네, 간단히 용건만 말씀드리겠습니다. 사고가 난 인도 항공기에 탑승한 이민정 씨 스마트폰에서 홍현우 씨가 가족으로 유일하게 등록되어 있어서 전화를 드렸습니다. 가족이 맞나요?

  나는 당황스러워하며 가족은 아니라고 말하려다가 그렇다고 말해버렸다. 그녀가 자신은 가족이 아무도 없다고 한 말이 생각이 났기 때문이다. 한편으로는 그녀가 자신의 휴대폰에 나를 가족으로 등록했다는 것을 알고 나니, 왠지 그녀가 나에게 준 사랑에 마음을 열지 못한 것에 대한 미안한 마음을 조금이나마 보상하고 싶은 심정이었다.

- 가족이시면, 내일 중으로 하이데라바드로 오실 수 있으신가요?
  보호자가 필요해서 연락했습니다.

나는 망설일 수밖에 없었다. 인도네시아에서 갑자기 인도를 가야 하는 상황이었다. 그러나 나는 "가족이시면 내일 중에 오라"는 그 직원의 말을 거부할 수가 없었다.

- 네, 알겠습니다. 오늘 비행기 예약해서 최대한 빠른 시일 내에
  그곳으로 가겠습니다.

나는 전화로 인도행 항공기 일정을 알아본 후, 다행히 좌석이 남은 항공권이 있어서 예약을 하고, 이튿날 오후 3시경에 인도행 비행기에 몸을 실었다. 뭄바이를 경유해서 인도 남부의 하이데라바드 공항에 도착해서 공항 밖으로 나오니 산업화가 한창이었던 1970년대 초반의 우리나라의 모습을 연상케 하는 도시의 풍경이 이채로웠다.

공항 앞에 있는 오토바이를 개조해서 만든 노란색 오토바이 택시를 타고 시내로 들어갔다. 재래시장을 지나면서 본 인도인들의 모습은 이채롭기가 그지없었다. 인도 여인들은 화려한 색상의 전통복장을 즐겨 입는 줄 알았는데, 검정색 사리를 쓴 무슬림 여인들이 제법 많이 눈에 띄었다. 강성했던 무굴제국 시대의 회교가 아직 하이데라바드에는 존속하고 있었다.

나는 백색 벽돌로 쌓아 올린 병원에 들어서서 그녀가 있는 병실로 향했다. 중상으로 온몸을 붕대로 감싸고 있던 그녀는 산소 호흡기를

긴 채 침대에 누워 있었다.

나는 그녀에게 다가가서 그녀의 손을 잡았다. 잠시 동안 아무런 말을 할 수 없었다. 그녀의 손이 움직이자 그때서야 조그만 목소리로 말했다.

- 인도 항공사 직원한테 연락받고 왔어. 빨리 회복되길 바란다.

하지만 그녀가 내 말을 들었는지 알 수가 없었다. 안타까운 마음으로 병실을 나와 복도 끝 진한 남색 창가로 가서 밤하늘의 별들을 올려다보았다. 인도 밤하늘에 가득한 별들은 한국과 인도네시아에서 본 별들보다 더욱 밝고 영롱하게 빛나고 있었다.

어릴 적 우리 집에서 우연히 창문을 열고 본 그 별들이 그대로 거기에 총총히 박혀 있었다. 오염되지 않은 인도 밤하늘의 별들은 너무나 아름다웠다. 칠흑 같은 어둠 속에서 "반짝반짝" 빛나는 별들을 보니 문득 어릴 적 뛰놀던 산동네가 그리워졌다.

병원을 나온 나는 병원에서 걸어 다닐 만한 거리에 있는 호텔방을 일주일간 예약을 했다. 5층으로 지은 브라운 색상의 호텔은 무척이나 깨끗했다. 방 안에 들어가서 에어컨부터 틀고 하얀 침대 위에 누워서 리모컨으로 TV를 켜니 미모의 인도 여가수와 여러 명의 댄서들이 단체로 댄싱을 하면서 노래를 부르는데, 노래가 매우 경쾌하고 강렬하여 인도네시아와는 또 다른 이국적인 분위기를 연출하고 있었다. 잠시 눈을 붙였다고 생각했는데 한두 시간이 훌쩍 지나갔다. 욕실에 들어가서 샤워를 하고 나는 방으로 돌아와서 커다란 창을 열어 보니 수풀이 우거진 마당이 눈에 들어왔다. 담배를 한 대 피워 물고 상념에 잠겼다.

내가 그녀에게 줄 수 있는 도움은 지금 가진 돈이 다 떨어질 때까지였다. 돈이 떨어지면 있고 싶어도 어쩔 수 없이 인도네시아로 돌아가야 하는 것이었다. 날짜를 계산해 보니 열흘 동안 가능하였다. 열흘 있다가 돌아가야 하지만, 이것이 내가 그녀에게 해 줄 수 있는 최대한의 도움이었다. 나는 가게들이 문을 닫기 전에 식사를 하기 위해 오토바이로 만든 노란 택시를 타고 재래시장으로 갔다.

언젠가 인도에 살던 친구로부터 인도에는 고기를 넣은 음식을 파는 식당과 고기를 전혀 사용하지 않는 두 종류의 식당이 있다는 말을 들은 터라 고기를 넣은 식당을 찾았지만 알 수가 없었다. 허기져서 게임 하듯이 아무 식당이나 들어가서 자리를 잡고 앉았다. 그리고 세계 어느 나라에나 있다고 하는 볶음밥을 주문했다. 볶음밥을 먹으면서 옆 테이블에 앉아서 떠들며 식사하는 이태리 연인들을 곁눈으로 슬쩍 보았다.

중년의 남자가 금발의 미녀에게 연신 두 손으로 다양한 제스처를 취하면서 유창한 이태리 말로 대화의 꽃을 피워 갔다. 그 모습을 보니 일찍이 한국에서 읽었던 로마 이야기에 나오는 달변가 키케로가 연상이 되었다. 아마도 노래를 부르는 듯한 이태리 남자의 달변 때문이었을 것이다. 어찌 보면 전설의 바람둥이인 베네치아 출신의 카사노바 같기도 하였다.

나는 이국적인 외국 연인들이 이야기를 나누는 모습을 보다가 그 언젠가 중국집에서 배달해 온 잡채밥을 먹으면서 얘기꽃을 피웠던 아내와의 추억을 회상했다. 아마, 내가 식사 중에 저렇게 떠들어대었다가는 밥풀 튄다고 잔소리를 들었을 텐데……. '허허허. 이젠 그 잔소리가 그립다'는 생각을 하였다.

30대 중반이 넘어가면서 우리 부부는 식사를 하면서 차차 대화가 사라져 갔고 더욱이 아내는 밥을 먹으면서 '쩝쩝'대는 소리가 듣기 싫다고 잔소리를 하였다. 잔소리도 사랑이 있고 관심이 있어야 한다는 것을 그때는 알지 못했다. 식사를 마치고 병원으로 돌아와서 나는 그녀에게 갔다. 그리고 다시 그녀의 손을 잡고 말했다.

- 잘 잤어. 내 말 들려. 나 알아보겠어? 나야 현우, 내 말 들리면 내 손을 잡아 봐!

그녀의 손이 내 손을 쥔다. 내 말을 들은 것이다. 그리고 그녀의 눈에서 눈물이 한 방울 두 방울 볼을 타고 흘렀다. 잠시 후 그녀가 눈을 뜨고 나를 바라보았다. 그녀의 두 눈은 고마움의 눈물로 젖어 있었다. 그녀의 두 눈에서 흐르는 눈물방울이 두 볼을 타고 흘러내렸다. 나는 그녀의 눈물을 손수건으로 닦아 주며 그녀의 두 눈이 고운 빛 유리알처럼 해맑게 빛나는 것을 보았다. 나는 그녀의 가녀린 두 손을 모아 잡고 말했다.

- 잘 견뎌라. 내가 함께 있어 줄게.

그녀를 바라보며 나는 한국에 있는 이천만 원 보증금이 걸려 있는 월세방을 내놓아야겠다고 생각했다. 지금 나는 더 이상 혼자가 아니었다. 그녀도 마찬가지로 혼자가 아니다. 그녀의 바람대로 우리는 가족이 된 것이다. 혼자 사는 사람들이 점차 늘어 가겠지만, 혼자 사는 것보다 둘이 사는 게 훨씬 나을 것이다.

마주 잡은 그녀의 손에서 따뜻한 온기와 힘이 전해져 왔다. 손에 힘을 주어 그녀의 손을 더욱 굳세게 잡았다. 다시금 그녀의 두 눈이 고운 빛 유리알처럼 초롱초롱 빛이 났다. 마치 한 마리의 수정 비둘기처럼 그녀는 하얀 침대에 누워 순수의 눈으로 나를 바라보았다.

참고문헌

강윤영 역(2012), 『빅터 프랭클의 심리의 발견』(원저자: Viktor Frankl), 청아
　　출판사, pp.207~209.

국민일보, 2016. 6. 13., "중독국가 대한민국."

권원기(2017), 『현대 사회학』, 피앤씨미디어.

권태연(2012), 「청소년의 자살생각 수준 변화에 따른 잠재계층 분류 및 생
　　태학적 요인들과의 관련성 검증」, 『정신보건과사회사업』, 40(1),
　　pp.89~118.

김계원 외(2011), 「상담심리학의 최근 연구동향: 상담 및 심리치료학회지 게
　　재논문 분석(2000~2009)」, 『한국심리학회지: 상담 및 심리치료』, 제
　　23권(3), p.529.

김계현(2010), 『상담심리학 연구: 주제론과 방법론』, 학지사.

김순기(2000), 「성인자녀-부모 관계의 결속과 갈등에 관한 이론적 고찰」, 경희
　　대학교 대학원, 『고황논집』, 제27권, pp.65~76.

김인자(2000), 『현대 상담심리 치료의 이론과 실제』, 중앙적성출판사.

김정규(1998), 「자기심리학과 게슈탈트 심리치료의 대화」, 『한국심리학회지:
　　임상』, 제17권 제1호, 2, pp.17~38.

김정규(2006), 『게슈탈트 심리치료: 창조적 삶과 성장』, 학지사, p.204.

김정희 역(2004), 『현대심리치료』(원저자: Raymond J. Corsini), 학지사, p.17.

다음, 2019. 3. 8., 1boon.dame.net 열정에 기름 붓기. 이수연의 일기쓰기 심리
　　치료.

다음, 백과사전(https://100.daum.net/)

다음, 한국어사전(https://dic.daum.net/index.do?dic=kor)

두산, 백과사전(두피디아. http://www.doopedia.co.kr/)

라영균 역(2009), 『인간이해』(원저자: Alfred Adler), 일빛.

박미란(2016), 「여자 중·고등학생의 가정건강성이 자아탄력성에 미치는 영향
　　(자아 효능감의 매개효과를 중심으로)」, 대한신학대학원대학교 박사

학위 논문.

박미란(2018), 「간호대학생의 가족개념에 관한 질적 연구」, 한국효학회.

박미란(2018), 「대학생의 효 의식에 관한 질적 사례연구」, 한국효학회.

박세영 외(2017), 『심리학 개론』, 센게이지러닝코리아, pp.208~209.

박애선·황미구(2008), 「한국 상담의 정체성 확립을 위한 발전과제」, 『한국심리학회지: 상담 및 심리치료』, 제20권(4), pp.903~929.

박창호 외(1995), 『현대심리학 입문』, 정민사, pp.370~371.

송현주(2009), 「심리치료와 신경과학의 만남」, 『한국심리치료학회지』, 제1권(1), pp.63~73.

신경임·박은주(2003), 「Adler와 개인심리학」, 『서강교육』, 1, pp.321~336.

신득렬(1988), 「인간행동의 이해: 원인과 이유」, 『계명행동과학』, Vol. 1, No. 1, p.33.

윤가현(2006), 『심리학의 이해』, 학지사, p.380.

이귀행 역(2001), 『자기분석』(원저자: Karl König), 하나의학사, pp.7~8.

이장호·이광호 역(1972), 『카운슬링과 심리치료의 이론과 실제』, 대한교과서 주식회사, p.2. [원서: Patterson, C. H.(1966), *Theories of Counselling and psychotherapy*]

이훈구 외(2003), 『인간행동의 이해』, 법문사, p.439.

장은화(2014), 「정신분석적 자기심리학과 미국 조동선의 비교」, 『한국불교학』, 제69집, pp.452~453.

정도언(정신분석학자, 서울대학교 명예교수), 동아일보 2019. 2. 21., "정신분석 책보고 따라하면 된다?, 전문의도 당신 심리 치료법 잘 몰라요."

조은숙(2000), 『현대인의 정신건강』, 법문사.

최낙환 외(2011), 「영화의 동감과 감정이입을 유발하는 캐릭터의 기능성 요인과 매력성 요인」, 한국산업경제학회, 『산업경제연구』, 제24권 제1호, p.118.

최왕규(2007), 「가정갈등과 효도관에 관한 연구」, 인하대학교 박사학위 논문.

최왕규(2010), 『위로와 희망』, 이담북스.

최왕규(2015), 『행복에게 행복을 묻다』, 도서출판 한강.

최왕규(2016), 『노인과 여자』, 『고운 빛 유리알』, Bookk.

최왕규(2017), 「몽골 유학생의 가정건강성 연구」, 한국몽골학회.

최왕규(2017), 「몽골 유학생의 효 의식 연구」, 한국효학회.

피천득(2010), 『인연』, 샘터, p.133.

하재성(2009), 「목회상담학과 자기심리학의 목회 신학적 의미: 관계중심성과 일상성」, 한국목회상담학회, 『목회와 상담』, 제13권 0호, pp.7~33.

한경혜(1994), 「동반자적 부부관계 정립을 위한 소고」, 한국여성개발원, 『여성 연구』, 가을호, 통권 44호.

한경혜 · 윤순덕(2001), 「자녀와의 동 · 별거 농촌노인의 심리적 복지감에 미치는 영향」, 『한국노년학회지』, 21(2), pp.163~178.

한국행동 요법학회(2003), 『행동요법』, 양서원.

현성용 외(2010), 『현대심리학의 이해』, 학지사, p.520.

홍기원 외(2010), 『알기 쉬운 심리학』, 양서원, p.367.

Alexander, R., Brickman, B., Jacobs, L., Trop, J. & Yontef, G.(1992), Transference meets dialogue: a discussion between self psychologists and gestalt therapists, in: The Gestalt Journal. vol 15(2), pp.61~108.

Allport.(1943), *The ego in contemporary psychology*, Psychological Review, 50, pp.451~479.

Hilgard, E. R.(1949), *Human Motives on the concept of the self American Psychologist*, 4, 1949, pp.374~382.

Kohut, H.(1997), *The restoration of the self*, New York, International Universities Press.

Linde, D. E.(2006), How psychotheraphy changes the brain the contribution of functional neuroimaging, Molecilar Psychiatry, 11(6), pp.528~538.

Michael, K.(1997), *Between Therapist and Client: The New Relationship, revised edition*, New York: Freeman, p.112.

Rogers, C. R.(1954), A theory of therapy, personality and interpersonal relationship as developed in the client-centered framework. In S. koch (Ed), Psychology: A Study of a science.(Vol. 3), New York: McGraw-Hill.

Rogers. C. R.(1964), *Client-Centered Therapy*, Boston: Houghton Mifflin.

Ross, A. O.(1992), *The sense of self: Research and theory*, New York: springer.

Stolorow, R. D., Atwood, G. E. & Brandschaft, B.(1994), The intersubjective perspective. Northvale, N.J.: Jason Aronson.

Stolorow, R. D., Brandschaft, B. & Atwood, G. E.(1987), Psychoanalytic treatment. An intersubjective approach. Hillsdale, NJ: The Analytic Press.

Trop, J. L.(1994), Self psychology and intersubjectivity theory, In: Stolorow, R. D., Atwood, G. E. & Brandschaft. B.(1994), The intersubjective perspective. Northvale. Jason Aronson.

Wolf, E.(1988), Treating the self: Elements of clinical self Elements of clinical self psychology, New York: Guilford Press.

Wylie, R.(1974), *The self concept: A Review of Methodological Consideration and Measuring Instruments*, Lincoln: University Nebraska Press.

찾아보기

인 명

(A)

Adler, A. 85

Allport, G. W. 28

Andre, G. 117

(C)

Charcot, J. M. 20

Corsini, R, J. 46

(F)

Frankl, V. E. 52

Freud, S. 12

(H)

Hilgard, E. R. 29

(J)

Jung, C. 26

(K)

kazdin, A. E. 21

(L)

Linde, D. E. 23

(M)

Maslow, A. H. 26

(R)

Rogers, C. R. 21

(S)

Stolorow, R. D. 34

(T)

Trop, J. L. 35

(W)

Wolf, E. 44

Wylie, R. 30

용 어

최왕규(Choi Wang Kyu)

인하대학교 교육심리학 박사
인하대학교 종교상담실 실장 역임
인천순복음교회 목사 역임
순복음강화도교회 담임목사 역임
성산종합사회복지관 관장 역임
성산해피패밀리상담센타 원장 역임
성산효대학원대학교 사회복지학과 조교수 역임
너싱홈참삶요양원 이사장 역임
현) 참삶자기주도심리학 연구소장
경복대학교 간호학과 겸임교수(글쓰기와 토론 강의)

저서

『위로와 희망』(이담북스, 2010)
『행복에게 행복을 묻다』(도서출판 한강, 2015)
『노인과 여자』(BOOKK, 2016)
『인간행동과 사회환경』(BOOKK, 2019, 공저)

논문

『몽골유학생의 가정건강성 연구』(한국몽골학회, 2017, KCI 등재)
『몽골유학생의 효 의식 연구』(한국효학회, 2017, KCI 등재)
『한・미 대학생들의 성지식, 성교육, 성행동 연구』
(한국청소년학회, 2006, KCI 등재, 공저) 외 다수의 논문이 있음

자기주도
심리치료와 글쓰기

초판인쇄 2019년 10월 31일
초판발행 2019년 10월 31일

지은이   최왕규
펴낸이   채종준
펴낸곳   한국학술정보㈜
주소   경기도 파주시 회동길 230(문발동)
전화   031) 908-3181(대표)
팩스   031) 908-3189
홈페이지   http://ebook.kstudy.com
전자우편   출판사업부 publish@kstudy.com
등록   제일산-115호(2000. 6. 19)

ISBN 978-89-268-9658-7 93180